我
· COGITO ·
思

（美）诺姆·乔姆斯基 著
余东 译 郭威 校

What Kind of Creatures Are We

我们是谁

乔姆斯基论语言及其他

GUANGXI NORMAL UNIVERSITY PRESS
广西师范大学出版社
·桂林·

我们是谁：乔姆斯基论语言及其他

WOMEN SHI SHUI：QIAOMUSIJI LUN YUYAN JI QITA

丛书策划：吴晓妮@我思工作室
本书策划：叶　子
责任编辑：叶　子
装帧设计：何　萌
内文制作：王璐怡

著作权合同登记号桂图登字：20-2021-231 号

图书在版编目（CIP）数据

我们是谁：乔姆斯基论语言及其他 /（美）诺姆·乔姆斯基著；余东译. -- 桂林：广西师范大学出版社，2022.3
（思无界）
书名原文: What Kind of Creatures Are We
ISBN 978-7-5598-4168-1

Ⅰ. ①我… Ⅱ. ①诺… ②余… Ⅲ. ①语言学一研究 Ⅳ. ①H0

中国版本图书馆 CIP 数据核字（2021）第 279691 号

广西师范大学出版社出版发行
（广西桂林市五里店路 9 号　邮政编码：541004
网址：http://www.bbtpress.com）
出版人：黄轩庄
全国新华书店经销
北京盛通印刷股份有限公司印刷
(北京经济技术开发区经海三路 18 号　邮政编码：100176)
开本：710 mm × 960 mm　1/16
印张：10　字数：100 千
2022 年 3 月第 1 版　2022 年 3 月第 1 次印刷
定价：56.00 元

CONTENTS

目 录

序 言

阿吉尔·比尔格拉米[①]

本书呈现的是一位语言学家就其研究所涉广泛领域的毕生思考。书名《我们是谁》(*What Kind of Creatures Are We*)正体现出其涉及的领域有多广泛。它令人吃惊地涵盖了语言学理论、认知科学、科学哲学、科学史、进化生物学、形而上学、知识论、语言和心智哲学、伦理和政治哲学，甚至含有一些先进的教育理念。

在第一章里，诺姆·乔姆斯基准确而清晰地概述了他在理论语言学和认知科学领域的基本思想，在这两个领域他都发挥了主要奠基者的作用。书中不仅记录了他多年来取得的学术进展，更着力说明了对这些进展的认定是多么慎重，以及在哪怕是最基础的研究领域，至今仍有多少要做的工作。本章还提到了作者多年来的思想变化，包括过去十来年里的

① 阿吉尔·比尔格拉米（Akeel Bilgrami，1950— ），印度哲学家，主要研究语言哲学、心灵哲学和伦理学。编注。

一些最引人注目的变化。

本章开宗明义，提出“语言是什么”的问题。这是一个理所当然的问题，因为不清楚语言是什么，我们就不仅无法寻求语言诸多方面问题的答案（甚至无法正确地提出问题），也无从探询，甚至不知如何合理地推测语言的生物基础及其进化根源。

人类对语言最基本特质的认识，可以上溯至伽利略和笛卡尔，但该传统以洪堡的表述最为明晰。他说：“语言尤其面对着一个真正浩瀚无边的领域，它浓缩了全部可思维的对象。因此，语言必须无限地使用有限的手段，而且它能够做到这一点，通过它使言思合一的力量。”[①] 据文献所示，达尔文在思考语言的进化时也提出过类似的看法，只不过表述得更为浅显：“低级动物与人类唯一的不同在于，人类具有将最多样化的声音与思想关联起来的几乎无限的力量。”值得注意的是，洪堡和达尔文在此观察到了三大基本特征。其一，所谓的无限力量是基于有限的基础之上的；其二，思想和声音的关联；其三，语言与思维的关联。所有这三条都涵盖在本书开篇乔姆斯基提出的语言基本特质之中，即，“每种语言都拥有可以无限组合的、具有层级结构的表达方式，这些表达方式通过两个界面予以诠释，一是针对外化的感觉运动，一是针对思维过程的概念化—意向化”。层级结构因素与上述第一基本特质对应，感觉运动与第二基本特质对应，概念化和意向化则与第三基本特质相对应。

---

① 所有参考文献，请见引文所在章节。就语言与思维的关系而言，乔姆斯基虽然现在认为比他原来想象的更为密切，却不认为有必要像洪堡那样用上“等同”这样的强势词来形容。乔姆斯基在讨论语言与思维的关系时也提到笛卡尔和达尔文，但他们看待这种关系也没有达到那个程度。

语言的基本特质，其实在于它是一个运算过程。其哲学意义有二。一是一种语言理论必然是一种生成语法，二是该理论的对象必然是一个人类个体所拥有的客体，它内在于个体的主观和心理（例如意愿因素），而不是关于外化言语的理论，因此也不是关于社会现象的理论。我们分别用术语 I-语言和 E-语言来代表后文将提到的个体/内在/意愿与外在/社会的区别。唯有 I-语言而非 E-语言才能成为科学研究的对象。① 尽管这一研究最终仍需从生物学的角度来予以完善，但是在达到那个终极层面之前，这门科学是从生物习性的抽象层面来观察各类语言现象，从符合语言基本特质之运算力的认知层面来进行表述的。②

还有另一个更加综合性的任务，那就是探索所有 I-语言深层的共享特征。该任务也是由人类被赋予的生物特征所决定的（关于这个话题在一般认知上的更广泛意义，第二章还会讨论），旨在发现是哪些生物天赋决定了可以使用 I-语言的生成系统，也就是说，人类语言有可能是什么。

乔姆斯基指出，只要认真研究旨在揭示语言基本特质的生成语法，我们就会发现一些令人惊奇但意蕴深远的谜题。其中

---

① 尽管乔姆斯基通过对比 I-语言的方式提到 E-语言，他对 E-语言这个概念的连贯性却是持怀疑态度的，怀疑它们究竟是否存在。他在一系列论文中，对哲学家们在说明 E-语言时就其连贯性所提出的最基本假设是持批评态度的。

② 乔姆斯基是意在对针对大脑在抽象层面的研究作出最终说明时提到这一点的。他指出这一研究途径在语言科学研究中与其本来面目并没有什么不同，例如其在昆虫导航研究中的运用。在他的其他著述中，乔姆斯基引用了生物学基础研究中可能已取得的进展，但是也提及了脑科学家们就研究对象所提出的若干有可能是错误的基本假设。关于最后这一点，参阅第二章他提到的查尔斯·加利斯特尔（Charles Gallistel）的研究。

之一就是语言操作的“结构依赖性”：在所有结构和所有语言中，语言操作无不依赖结构性距离，而非运算上更简便的线性距离。语言学习者无须教诲就本能地意识到这一点，对此我们有实验神经科学和心理学的证据来证明。实验结果依据的假设是：生成结构性表达方式的操作完全是无序的，而这些表达方式是在概念和通用的界面下被诠释的，其表达的目的是思想和行动。而这又基于另一个很自然的假设：I-语言是基于最基本运算操作的生成体系，它是无序的。上述原理和其他的论证充分证明，线性次序对语言而言是辅助性的，与核心句法和语义无涉。手语的外部设定也是一样，它在结构、习得、运用，甚至神经表征上都与口语非常相似。很可能，这些外部特征反映了感觉—运动系统需要的条件。语言学习者甚至都未曾考虑过使用线性次序的可能性。线性次序以及其他语言设定与耳之所闻（外在化）相关，与心之所想（内在化）无关。

然后他指出，这些结论与我们所知尚少的语言的起源非常一致。感觉—运动系统“似乎早在语言出现之前就已存在”，而且似乎很少为了语言而作特别的调整。人类语言的认知特征是固有的，它远比猿类或原始人的认知特征要复杂得多。猿人有一套完整的肢体语言，还有足以感知言语的听觉系统；但是不同于人类婴儿的是，言语在猿类听起来不过是一种噪声，即便经过大量训练，它们也无法领会人类哪怕是最基本的手语。亚里士多德说过，语言是“有意义的声音”。可是，在乔姆斯基看来，亚里士多德这句话的重心应该颠倒过来，语言应被理解为“有声音的意义”，这也许有助于更好地理解语言。这听起来好像是柏拉图主义的（这是杰罗尔德·卡茨［Jerrold Katz］热情宣扬的观点），但是应牢记一点，对乔姆斯基而言，“意义”在此完全是一个心理学（甚至是生物学）的范畴，所以完全不是柏拉图主义的术语所描述的意思。

这些结论转而支持了乔姆斯基长期以来对语言的看法，他认为，语言并不像哲学家、人类学家以及其他人所普遍认为的那样必然与信息交流密切相关。如果语言的外化是第二位的，语言与思维的关系则是第一位的，那么对于本章所提出的问题“语言是什么”，信息的交流并不是关键。事实上，正如他说的，我们有理由相信，大部分的语言/思维根本就没有外化。如果我们坚信，语言不是由人类设计的，而是生物的自然禀赋，那么，无论是从科学还是从哲学角度研究语言，我们的研究方法论也许不得不进行重大的调整。

乔姆斯基引用并认同达尔文的说法：语言本质上是一种“将最多样化的声音和思想关联起来的力量”。除了我们已提及的声音（以及其他外化模式）被置于次要地位之外，乔姆斯基本人对语言基本特质的说明完全采用了达尔文的表述，也许算不上一字不差，毕竟对于乔姆斯基来说，用“关联”（associating）一词来描述语言的运作内核并不十分准确。当然，甚至在经典的条件反射中（铃声与食物）关联也确实存在，而且众所周知，乔姆斯基反驳了行为主义对语言的解释。此外，两个事物之间的联系，哪怕是非行为主义心理学家理解的联系，很可能会暗示事物之间的顺序的重要性。而这是通过更突显形式的方式体现出来的，使形式符合在概念—意图界面（而非感觉

—运动界面）的语义释义。这同时就说明了顺序其实并不重要。因此，乔姆斯基避免使用达尔文的“关联”一词是为了强调：唯有人类才具有将思想和句法的要素“放到一起”的能力。这个语言的基本概念与其基本特质的理论相一致，在该理论中语言的核心操作被称为融合（Merge）。融合可以是一种外部操作，它作用于两个不同的客体，以创造出另一个新的客体；它也可以是一种内部操作，在一个事物中创造另一个事物。它会自动产生普遍的“置换”的特质（在某处理解的一句话在另一个场合也能够理解），即形式与复杂的语义阐释相匹配。

这些分别被称作外部融合和内部融合。适合任何领域研究的简单化方法，当然同样也适用于语言学研究。我们遵循这种简单化原则，将基本操作控制在最小值，在阐释基本特质赖以确立的运算力时，不增加语言的操作。乔姆斯基通过实例说明了，如果坚持这一方法论原则，语言设计如何处于一种最优化的状态。同时他指出了自己观点的转变，例如对“置换”现象的看法，他一度将置换视为一种“不完善”，可如今他认为，如果我们正确地坚持上述简单化方法论的假设，置换是再自然不过的。

本章最后作了一个大胆的尝试，利用上述的方法论将两个貌似独立的问题结合起来：我们如何阐释基本特质？语言是在何时又是如何出现的？阐释基本特质时假设的简单化与语言的最优化设计的理论，两者都会支撑我们基于有限证据对语言起源所作的最合理假设，即语言不是逐渐形成的，而是突然出现的（距今相对比较近）。我们可以推测，这“大飞跃”，很可能是因为“产生融合的大脑对线路的重新安排，当然是以最简单的形式，由此为之前不曾具有的自由无羁的创造性思维提供了基础”，这是前所未有的。

在题为“我们能理解什么?”的第二章中，乔姆斯基通过阐释其研究的另一核心主题——人类认知的限度，进一步加强了上面的结论。

有一个我们经常使用的短语——“关于……的范围和限度”，乔姆斯基认真地思考了这一短语，用它来阐释他对认知能力的理解，赋予了它关键性的意义。人类的认知能力虽然比我们所知的任何其他生物，都更广阔和深刻，但是仍然是有限度的，这是我们天性的局限。或者，正如本书的标题所说，是因为我们天生是这样的生物，尤其是因为我们的认知能力是以生物学为基础的。

第一章里作者已隐约提及这一观点，但仅限于谈及人类的语言能力。在对语言的理论描述中预设了局限性这一概念，即假设我们有先天基因赋予的内在结构，它使我们独具语言的能力。这种内在结构同时也决定了语言对我们来说是什么，可能的I-语言会是什么。普遍生成语法（UG）这一技术术语的使用就是为了描述内在结构的特点，也正是在人类基因天赋设置的范围和局限框架之内，语言在其生成机制中被解释为一种运算力，如前所述。

人类是生物学上的造物，这一事实决定了我们普遍意义上的范围和局限，而关于语言学的事实只是其中的一例。在说到身体的能力时，这一点似乎不会引起异议：我们具备行走能力的同时也受到了限制，我们无法像蛇一般爬行。[1] 乔姆斯基认为，如果承认这种明显的身体能力的局限，却不承认明显的认知能力的局限（这一点从天赋观念的不断争论可见一斑），就失之偏颇。拥有某些认知能力同时就意味着有可能缺乏其他的某些认知能力，而这些认知能力对另外某种意识主体来说可能是不可或缺的。只有在研究人类认知时忽视我们的生物学事实，才会试图去否认这些认知的局限性。第二章开始对我们认知能力的局限问题展开论述，论述超越了单一的语言领域，不过仍偶尔会回到语言的话题，提出相关的结论。

本章首先回顾了乔姆斯基在近五十年前对“问题”与“奥秘”这两个概念的区别，由此探讨认知局限这一概念的方法论成果。乔姆斯基采用了皮尔士[2]对科学方法和科学发展的思路，这一思路很适合溯因推理（abduction），正是这一概念为人们认可的**“可接受**假设”设置了局限。乔姆斯基认为，由我们基因天赋决定的内在结构为我们能构建什么问题设置了局限。我们能顺利构建的疑问可称之为“问题”，考虑到问题构建能达到的最大限度，很可能会有超出我们认知能力的事物，就我们能够想象到的程度，凭借现有的概念框架和知识，我们会发现无法以可控的科研方式就这些事物形成问题，这些他称为“奥秘”。书名“我们是谁”就是针对这些奥秘所发之问，

---

① 这个例子来自 Carol Rovane。See Carol Rovane and Akeel Bilgrami，“Mind，Language，and the Limits of Inquiry，” in *The Cambridge Companion to Chomsky*，ed. James McGilvray（Cambridge：Cambridge University Press，2005），181－203.

② 皮尔士（Charles Sanders Peirce，1839—1914），美国哲学家，实用主义创始人。编注。

因为其他造物，或许因其生物构造与人类不同而有能力将我们的奥秘转化为问题。所以对乔姆斯基而言，“问题”与“奥秘”的区别具有生物上的亲缘关系。对皮尔士而言则或许不是，他在谈到可接受假设时，对我们是生物物种这一事实的决定性作用也许考虑较少。[①]

面对我们认知局限的事实，以及因此不得不承认的“奥秘”，我们应当学会宽容，这是上述方法论整体中很重要的一部分，也是本书在最后一章——“大自然的奥秘：隐藏有多深?”——通过梳理科学史上的一些关键实例所提出的方法论启示。

其中一个重要的实例就是牛顿推翻了早期现代科学的接触力—机械论假设，提出了万有引力理论，动摇了起初关于物质、运动以及因果的观念，而这些观念曾经构筑了我们对物质世界的常识性理解（因我们生物特质先天的局限性而导致的常识性理解）。乔姆斯基指出，牛顿的出现——借助那些局限性——导致了一种新的框架出现，并在框架内提出了某些事物是无法思考的。牛顿自己承认这种不可思性，甚至称之为荒谬，而自从牛顿以后，再没有人试图就此扳回一分。相反，这种荒谬性干脆被纳入了我们看待这个世界的科学图景。牛顿从未因这种荒谬的影响而踟蹰，依然提出阐释性的定律，也不在乎还缺乏更深层次的理解，他（和其他人）承认我们的理解力

① 为证实这一点，应该指出，乔姆斯基实际上在这一章的末尾讨论了皮尔士借助了生物学的一个论点，尤其是基于物竞天择的进化论观点（他发现这完全是谬误）。这可以说明，皮尔士自己对于是否要将涉及可接受假设及其局限性的整体方法论归因于生物学也有点矛盾。

有欠缺，否则就能够理解那被称为“神秘”的力了。但是关于世界，只要能构建可理解的理论就足够了。为构建这些理论，没有必要突破认知局限去追求更深层次地理解世界。

随后的思想家们清晰地阐释了这一方法论（尤其是普利斯特里[①]，因其鞭辟入里的评论而脱颖而出），为困扰当代哲学家的一些心智哲学问题找到了结论。可是，如果他们接受普利斯特里的看法，则很可能重新考量他们提出的心—身（mind-body）问题或意识“**难题**”。哲学家们往往喜欢将某个问题标识为**独特地**“难”，然后心安理得地止步于困惑状态。乔姆斯基正是借助这一历史，首先表明用这种办法发现某种“难”题并无独特之处。例如，即使是在牛顿后期，物理学对“万有引力”的接受也同样困难，包括牛顿自己也这么认为。[②] 回顾这一历史，它对所谓心—身问题的意义在于，在牛顿之后，这个问题是否还能持续下去都值得怀疑。例如“重力”这样的“神秘的”事物，开始出现时引起人们的忧虑，最终却成了我们理解物体以及它们在无施加力条件下相互作用的关键，所以它干脆就被纳入了科学 —— 这就是科学新常识。据此，如果有什么结论，那就是我们应该明智地认识到，任何事物都有非物质的一面，所以心—身问题是揭示不出任何清晰差异的。乔姆斯基对赖尔[③]的说法提出了有力的反驳，这值得重视。他说，幽

① 普利斯特里（Joseph Priestley，1733—1804），英国化学家兼自然哲学家，对气体特别是氧气的早期研究做出过重要贡献。编注。

② 在牛顿之前，运动被威廉·佩蒂和其他人视为“难题”。

③ 吉尔伯特·赖尔（Gilbert Ryle，1900—1976），英国哲学家，牛津日常语言学派代表人物。代表作《心的概念》。编注。

灵远远没有被遗忘，机器被抛弃了，幽灵没有受到损伤。至于意识，哲学家们倾向于认为，我们的心理行为大部分是有意识的，哪怕是奎因[①]和塞尔[②]这样不同的哲学家都很明显也有这种倾向，但是一旦了解到受规则约束的语言和视觉能力的操作后，这一倾向便受到质疑。乔姆斯基对此感受尤深，因为即便是我们大部分有意识的思维也与隐含于意识的心智各方面互有影响，所以，如果将自己的眼光限制在有意识部分，这甚至有可能妨碍对有意识部分思维的科学理解。

乔姆斯基很关注科学理论的阐释，所以也很重视指出其中的问题，例如有些思考语言的方式，大体来说并不科学。他特别谈到一个关于运算原子因素的扩展讨论。他援引了第一章提出的观点，指出这些运算因素在文献中被错误地描述成了“词”和“词条”。它们进入的是概念—意图界面，而我们知道，与感觉—运动界面相比，概念—意图界面是首要的，所以它们并不是由外化过程构建的。他还有一种说法尤其让哲学家们吃惊：除了数学和科学上一些明显的规定性例外，它们没有任何指称属性，不能被视为与外部世界中独立于心智的客体有构建关系。因此，I-语言作为唯一一个可以科学阐释的语言概念，完全是内在的。他是通过讨论历史上的观点来探讨这一看法的，例如讨论了亚里士多德和休谟的观点，还讨论了这类

---

① 奎因（Willard Van Orman Quine，1908—2000），也译蒯因，美国哲学家，逻辑实用主义代表人物之一。著有《从逻辑的观点看》《语词与对象》等。编注。

② 约翰·塞尔（John Rogers Searle，1932— ），美国哲学家，曾师从牛津日常语言学派代表人物哲学家J. L. 奥斯汀，是当今语言分析哲学领域代表人物之一。编注。

原子的实例，从具体的“房子”和“巴黎”到相对抽象的“人”和“物”。讨论显示，指称或本义太依赖语境，不适合科学研究，应该被视为与语言的使用有关，而不是与语言的自身构建有关。这样就导致了与哲学家不同的分类法，将他们心目中的“语义学”几乎全部归到了语用学一类。

这些结论关系到语言的起源问题。动物相互之间的信号是它们与外部世界事物之间的直接联系引起的。这些因果链中如果缺失了一环，这些信号就无法被理解。而上述讨论的责任就在于准确地揭示，在人类运算原子与依赖心智的客观现实之间，不存在构成性因果关系。由此更有理由推定，我们这种具有语言和思维力量的造物，应该按第一章提出的类型来说明其进化，而不是按乔姆斯基在第二章所引用的列万廷①所描述的那样，以“讲故事”的方式来描述从我们的祖先至今一步步的进化。若不从科学角度将所解释的典型本质置于首要地位，往往就喜欢采用这一方式。之所以称其为讲故事，部分原因——用列万廷的话来说——就是“运气不济”，找不到可以支持这些解释的任何证据，这些证据超出了人类的认知范围，这是我们另一种形式的局限。

所以，由于各种各样的缘由，我们的认知不可避免地带有局限性，其中一个主要原因就是我们所正视的一个简单事实：我们是一种生物。与本章主要人物，如洛克、普利斯特

---

① 理查德·列万廷（Richard Lewontin，1929—2021），美国著名进化生物学家、遗传学家，把分子工具引入进化生物学研究。编注。

里、休谟、罗素、皮尔士以及列万廷等人不同，希尔伯特[①]非常明确地否认有奥秘的存在（“绝对没有解决不了的问题”），而当代哲学虽然不是那么明确，但大多也否认奥秘的存在。这无异于否认了基于上述简单事实的一条公理。值得关注的是，乔姆斯基在陈述这一切后，对奥秘的态度很有意思，他采取了折中的态度。一方面，人类的认知有局限，因而面临诸多的“奥秘”，尽管对其他物种主体而言可能完全算不上奥秘，这种认识追求的是哲学家们称为实在论者（realist）的形而上学。正如他所说的：“如果承认神秘主义的公理，那么，就不能以我是否理解来作为判断事物是否存在的标准。”另一方面，在承认这一点的前提下，根据他从牛顿那里得到的启示，他的态度可以说是彻头彻尾的实用主义。通过研究，我们得知自己也许最终无法理解这个世界，但这并不意味着不能在研究世界时努力提出关于世界的可理解的科学理论。乔姆斯基说，哪怕是自由的人类行为这一概念，在现阶段也许超越了我们具备的任何概念加工能力（尤其在概念的确定性及随意性方面），对其理解毫无头绪，但在将来的某一天说不定就会成为科学的有解之题了。这与康德的态度迥然不同。康德宣布自由是可以想象的，但永远不可知。与康德不同，就像皮尔士以及之前的牛顿，乔姆斯基不希望他的神秘主义以及他坚持认为人类的认知力是有局限的这一观点，“在通往求知的路上设下障碍”（皮尔士语）。

---

① 希尔伯特（David Hilbert，1862—1943），德国数学家，强调数学的形式化和公理化，希望使用数学解决所有问题。编注。

第三章的题目是“人类的共同福祉是什么”。乔姆斯基揭示出我们天性的局限，具体说就是个人（语言和认知）能力方面的局限，将我们视为社会生物，探讨什么是共同福祉，有哪些政治和经济措施能促进或阻碍我们得到它。

对这些问题的探讨，启蒙运动的思想具有极为重要的作用。但是乔姆斯基定义启蒙的范围比较宽泛，包括众所周知的“自由主义”人物亚当·斯密①和穆勒，还有那些被广义地归于浪漫派传统的人物，例如洪堡和马克思。而且他对这个术语的解释也很宽泛，他不仅强调了亚当·斯密经常受到大部分自由派、激进派以及保守派信徒们压制的一面，也强调了启蒙思想中有哪些原则开启了此后欧洲以及美国约翰·杜威的无政府主义传统。

事实上，这些探寻的起点是个人主义的，与前面的章节相关联。甚至在由生物学决定的局限之内，正是在每个人具备的创造力（这些能力在第一章的语言部分已经讨论）得到充分发展时，每个人作为主体才能成熟起来。当我们自问是什么性质的机构阻碍个人创造力的发展时，共同利益这一社会问题便油然而生。强调个人利益的资本主义社会制度妨碍而不是鼓励个人能力的发展。为支持这一观点，他特意引述了亚当·斯密和杜威的观点。亚当·斯密对劳动分工摧毁个性创造这一点有过明确的抨击，杜威就公司利益对公众和个人生活方方面面产生的负面影响措辞也极为激烈。无政府主义传统（从巴枯宁到鲁

① 几十年前，乔姆斯基是第一个强调亚当·斯密这一面的人。近期则有爱玛·罗斯柴尔德的研究和阿玛蒂亚·森的评论比较详细地探讨了他的这一面。

道夫·洛克尔[①]，还有西班牙内战期间的工团主义）将社会主义思想与经典启蒙运动的自由主义原则相结合，以求构建一个理想：包括劳工合作、工人支配劳动场所和生产资料，以及基于自愿联盟的社会生活，等等。这些理想若是得到实施，就有可能清除自由市场资本主义以及官僚体系给人类发展带来的阻碍。通过对比研究当代教育机构的大量实践，杜威的教育思想向我们揭示，追求人类发展的目标只有从幼年开始实施才能取得最佳效果。

这些理想中有多少是来自草根运动的行动主义的核心理念，书中对此有生动的描述。草根运动涉及的范围极广——从17世纪早期英国传统的激进派议会到美国传统中诺曼·韦尔[②]在其工人研究中描写的“工厂姑娘”和技工，再到中美洲天主教传统中的解放神学家。这些历史悠久的劳工民主传统在很多方面与一般理解的民主传统不同，后一种传统肇始于美国人麦迪逊（Madison）对什么人才可以主政的“贵族式”限定，其后升级为沃尔特·利普曼[③]的“专家”民主统治思想，在这种“民主”的议程中，人民想要的几乎从来不在其中。乔姆斯基在提到就各种重要问题所做的民意测量结果时，如关于医疗保健体系，也很清楚地指出了这一点。当然，后面这种对民主的

---

① 鲁道夫·洛克尔（Rudolf Rocker，1873—1958），德国无政府主义者，工团主义运动的领导者和精神领袖。编注。

② 诺曼·韦尔（Norman Ware），加拿大历史学家，关注工业社会下的劳工问题。编注。

③ 沃尔特·利普曼（Walter Lippmann，1889—1974），美国新闻评论家和作家，普利策新闻奖获得者，在宣传分析和舆论研究方面声誉颇高。代表作《舆论》。编注。

理解在西方世界诸多社会和政府中占有主导地位，乔姆斯基深刻地指出，政府即便在表现最差的时候，也仍坚持说他们在追求崇高的公众利益理想，这说明了公众利益的普遍性以及矛盾性：哪怕有人到处在违背公众利益，他们仍大肆鼓吹公众利益以诱惑所有人，而违背的人据称代表了全体公民，但追求的却主要是少数人的利益。

考虑到无政府主义的基本起点是人类创造力及使其顺利发展的重要性，乔姆斯基秉持倾向于无政府主义的态度也就不足为奇了。而且他从不隐匿自己的观点，在本书中他一如既往地宣称：任何形式的强迫，只要妨碍人类创造力的发展，均不能理所当然地接受，均需以正当的理由为之正名。任何强制性质的措施，包括国家的强权，都必须赋予合理的理由。强权，我们首先默认它是非正当的，除非它被证明是正当合理的。鉴于在世界各地都有可能出现“资本主义浅滩”（乔姆斯基的用语）的情况，从国家保护民众免于沦为社会边缘人的角度来看，国家这一观念的存在是正当的（这与亚当·斯密本人的看法呼应，他认为只有国家才能缓解工业资本权力对劳工生活的压迫）[①]，但这与社会的普遍现状有较大出入。就像书中引用杜威的话所说，现实中的大部分国家主要只为公司招标而服务，并在此过程中去除了无政府主义中的社会主义元素，而只保留了自由主义的要素。其结果是，民主成了“新民主”（与“新

---

① 可能会有人补充说，有些问题可以证明国家是必要的，因为国家不仅可以保护边缘的和贫困的群体，而且可以使每个人避免愚昧和厄运。通过解决这些问题，例如环境问题，国家可以更广泛地保护公民，使之避免陷于困扰资本主义社会的文化碎屑和心理荒漠（用一个词来说就是“异化”问题）。

自由主义”相匹配）。在“新民主”体制之下，如果一个人贫穷，就像霍布斯所说的，那是因为这个人自己选择了贫穷。因此，弃绝上述的这种体制，将国家目的看作是为资本主义体制下受苦的人提供保护，这一点丝毫没有违背无政府主义，而是其原则在具体历史语境下一以贯之的运用。乔姆斯基用了“铁笼子”这一精辟的隐喻来表述这一点，他说这是他从巴西乡村工人运动中借用来的，并加以引申。当人们试图将国家的强权减弱一些，就是将铁笼子扩大一点，尽管它可以保护我们免于遭受笼子外部的摧毁性力量——这摧毁之力，且不说能使我们的星球变得无法居住，也足以使我们人类陷入软弱、赤贫和异化之境地。

我在本序中竭力概述全书的内容，但作者思想丰富、思维活跃、知识渊博、极富创意，一篇小序远远不能概括其精华。我的尝试和努力或许最终对读者无甚裨益，但我仍要毫不犹豫且毫无保留地说，我极为享受这一尝试的过程，而且受益匪浅，所以敦请读者自己细读本书，除了领略和品味本书的上述特质，您更将体会到作者论述哲学和科学领域中诸多深奥问题时表现出来的肃穆庄严，尤其是书中广博的人文精神。

第一章　语言是什么？

在这本书中我想探讨一个古老而基本的问题，即我们是怎样的造物？我没有糊涂到自以为能够寻求到一个完美的答案，但是似乎有理由相信，至少在某些领域，尤其是涉及我们人类认知的本质时，有些新观点确实是有趣和有意义的。这些观点为进一步深入的研究清除了障碍。这些障碍中包括一些广为接受的信条，其根基其实远非我们想象的那么坚实。

我将探讨三个难度递增的问题：语言是什么？人类的理解有哪些局限（如果有的话）？我们应该争取的共同福祉是什么？我将从第一个问题开始，努力说明，有些貌似单纯的技术问题如何细究起来会导致意义深远的结论。而这些结论不仅本身非常重要，同时与相关学科中公认的被视为基础性的结论大相径庭。这些学科包括：语言学、语言哲学和心灵哲学，或者说广义上的认知科学。

在本书中，我将要讨论一些自明之理，但它们却很奇怪，所以常常不被人接受。这至少对我来说是一种两难，也许读者会帮助我来化解它。

说到语言，人类研究语言已经有2500年的历史，成果也颇丰，却仍无法清楚地回答语言是什么这个问题。后文中我们会谈及人们对此问题的主要提案。我们先不妨自问，填补这个答案的空缺有何意义。无论从哪个角度研究语言，这个问题的答案都应该明确，至少要明确是有答案的，或者默认是有答案的，才有可能着手探讨语言领域中的诸多严肃问题，包括语言的习得和使用、语言的起源、语言的变化、语言的多样性和共性、社会中的语言、运作语言系统的内部机制，还包括认知系统自身及其各种用途，以及分工明确但又互有联系的各项任务，等等。例如生物学家在说明眼睛这个器官的发展和进化之前，首先会比较明确地告诉我们什么是眼睛。这一公理同样适合，或者说应该适用于语言研究。有趣的是，人们一直以来却不是这样来看问题的，这一点我后面还会再谈。

但是，对于为什么要明确语言究竟是什么这个问题，我们还有更根本的理由，而且与我们是怎样的造物有直接关系。达尔文认为，“人类与低级动物之间唯一的区别就在于，人类有几乎无限更强的能力将极端多样化的声音与思想关联起来”[①]；“几乎无限”是传统说法，按今天的理解其实就是指无限。达尔文不是第一个得出这种结论的，但是在早期论述人类进化的框架内来表述这一传统概念的，他是第一人。

伊恩·塔特索尔（Ian Tattersall）是研究人类进化的前沿

① Charles Darwin, *The Descent of Man* (London: Murray, 1871), chap. 3.

科学家之一，他为上述传统概念提出了一个现代版本。他最近在评论新出现的科学证据时指出：人们一度认为，从人类的进化记录中能发现“晚期人类的早期预兆。然而，现实却不同，因为有一点越来越清楚，现代人类独具的感知能力不是进化的结果，而是近期突然出现的现象……而这一新兴感知能力的表达，几乎可以肯定是基于现代人类唯一最了不起的发明：语言”①。情况若果然如此，那么对任何希望了解现代人类的人来说，关于“语言是什么”的答案就具有至关重要的意义了。

塔特索尔认为这一突发事件很可能出现在 5 万至 10 万年前这一时间段。确切的时间不清楚，我们在此也无须关注，需要关注的是事件出现的突发性。关于这个话题已有大量文献和推测，而且仍在不断增多。一般来说，他们的立场与我的迥然相异，这一点我后面还会再谈。

塔特索尔的描述是否准确，能提供的实证非常有限。如果他的描述基本准确，那么，出现在这一狭长时间之窗的，用达尔文的话来说，就是“能将极端多样化的声音与思想关联起来”的无限强大之力。这股无限强大之力显然栖身于有限的大脑之中。及至 20 世纪中叶，系统自身有限但所具力量无限，这一概念已为人们普遍理解。这就使得我们有可能用明确的语言来表述我认为我们应该认可的语言最基本特征。我将其简称为基本特质，即每种语言都提供一系列数量无限且具层级结构的表达方式，对这些表达方式的释义来自两个界面，一是外化

---

① Ian Tattersall，*Masters of the Planet*：*The Search for Our Human Origins*（New York：Palgrave Macmillan，2012），xi.

的感觉—运动界面，一是思维过程的概念—意图界面。这就使得我们得以形成一种实质性的提法来表述达尔文所言的无限强大之力，或表述更早时期亚里士多德的名言：语言是有意义的声音。不过近年的研究表明，声音这一概念过于狭窄，而且完全有理由认为，这一经典表述能通过诸多重要的方式产生误导作用，其理由稍后再谈。

那么，至少每种语言都包含一种满足基本特质的运算程序。所以，语言的理论可以定义为一种生成语法，每一种语言用技术术语来说就是一种 I-语言，即内在语言，“I”代表内在的（internal）、个人的（individual）以及意图性的（intensional）：我们感兴趣的是发现实际的运算过程，而非其生成的内容，它大致类似于一个公理系统生成的证据。

还有一个“弱生成”概念——生成的整套表达方式，类似于一套生成的定理。还有一个“E-语言”概念，代表外部（external）语言，很多人（不包括我）将其视为数据库，或者视为弱生成的某种无限集合。[1] 哲学家们，语言学家们，还有认知和计算机科学家们经常把语言理解为弱生成的产物。我们甚至还不清楚弱生成概念能否用来定义人类的语言，该概念充其量是从 I-语言这一更基础的概念衍生而来的。这些都是20 世纪 50 年代就曾广泛讨论过的问题，但我相信人们尚未真

---

① 这个术语是我生造的。See Noam Chomsky，*Knowledge of Language：Its Nature，Origin，and Use*（New York：Praeger，1986）. 但是我几乎是随意给该词下的定义，视其为 I-语言之外一个任意的语言概念。

正理解。[1]

在此我将集中讨论 I -语言，它是人类的一种生物特质，是（或主要是）大脑的某种附属成分，依照“器官”在生物学上的宽泛定义，也可以说是心智/大脑的一个器官。在此我把心智看作某种抽象层面的大脑。这种方法有时被称作生物语言学框架。它往往引起争议，但是在我看来，这毫无理由。

早些时候，基本特质还无法被清晰地表述。以一些经典例证为例，在索绪尔看来，语言（相对而言）是一个共同体成员大脑中的词语意象的仓库，这一仓库“仅仅是由于共同体成员签署的某种合同才存在”。对莱昂纳德·布鲁姆菲尔德[2]而言，语言是一系列习惯，它用约定俗成的言语声音来回应情境，用行动来回应声音。在其他地方，布鲁姆菲尔德将语言定义为“在言语社区中发出的话语的整体”—— 有点像威廉·德怀特·惠特尼（William Dwight Whitney）早些时候定义的语言概念，即“一批发出并可听到的符号总体，用于表达人类社会的主要思想”。由此得出“听得见的思想符号”这一概念——虽然这一概念和我们如今所理解的已有所不同。爱德华·萨丕尔[3]给语言的定义是：“语言是纯粹只有人类才有的、非本能

① 造成误解的一个根源有可能是，在早期研究中，“语言”在介绍性阐释语段中有时用弱生成来定义，尽管这种用法紧接着就有修饰词限定。其原因已解释。

② 莱昂纳德·布鲁姆菲尔德（Leonard Bloomfield，1887—1949），美国语言学家，耶鲁大学教授。编注。

③ 爱德华·萨丕尔（Edward Sapir，1884—1939），美国人类学家兼语言学家，与其学生本杰明·李·沃尔夫提出了萨丕尔-沃尔夫假说。编注。

的一种方法，借助自觉形成的符号系统来传递思想、情感和欲望。”[①]

基于这样的概念，认同马丁·朱斯（Martin Joos）所称的博厄斯传统就是很自然的事了。博厄斯传统认为，语言的差异是任意的，每学习一种新的语言都不能带先入之见。[②] 所以，语言学理论在于程序的分析：基本上通过分割和分类的技巧，将语料库提炼为有条理的形式。这一概念最复杂的表述是泽利格·哈里斯[③]的方式[④]。当代的表述是，语言学理论是一个处理表达方式的方法体系。[⑤]

在早些年，对“语言是什么?”的问题，仅仅作出上述含

---

① Ferdinand de Saussure, *Course in General Linguistics* (1916; repr., New York: Philosophical Library, 1959), 13 – 14; Leonard Bloomfield, “Philosophical Aspects of Language” (1942), in *A Leonard Bloomfield Anthology*, ed. Charles F. Hockett (Bloomington: Indiana University Press, 1970), 267 – 70; Bloomfield, *A Set of Postulates for the Science of Language* (Indianapolis: Bobbs-Merrill, 1926); Bloomfield, “A Set of Postulates for the Science of Language,” *Language* 2, no. 3 (1926): 153 – 64; William Dwight Whitney, *The Life and Growth of Language: An Outline of Linguistic Science* (London: King, 1875); Edward Sapir, *Language: An Introduction to the Study of Speech* (New York: Harcourt, Brace, 1921), 8.

② Martin Joos, comments in *Readings in Linguistics: The Development of Descriptive Linguistics in America Since* 1925, ed. Martin Joos (Washington, D.C.: American Council of Learned Societies, 1958).

③ 泽利格·哈里斯（Zellig Sabbettai Harris，1909—1992），美国语言学家和数学语法学家。编注。

④ Zellig Harris, *Methods in Structural Linguistics* (Chicago: University of Chicago Press, 1951).

⑤ 我认为这是一种倒退，因为它混淆了“语言能力”和“语言行为”这两个从根本上就不同的概念。它们大致是“我们知道的”与“我们做的”之间的区别—— 哈里斯的系统不同，他没有混淆。

糊不定的答复，而忽略语言的基本特质，这是可以理解的。然而令人吃惊的是，在当今的认知科学里，类似的回答仍然大行其道。在今天的语言演变研究中，学者们往往以此开篇："我们将语言理解为声音—意义映射的一整套能力，包括支持它的配套设施。"① 这基本上是亚里士多德理念的重复，过于含糊，很难为进一步的探讨提供基础。正如前文所述，研究视觉系统进化的生物学家绝不会满足于了解显型（phenotype）是指完成刺激—感知映射的一整套能力，以及支持它的无论什么东西。

更早些时候，在当代科学兴起之初，也有迹象显示出现过一些接近达尔文和惠特尼的看法。有人"梦想通过一页纸上二十个符号的不同排列来发现将其最深邃的思想表达给任何其他人的办法"。伽利略对此人的"卓越心智"赞叹不已，认为这"超越了所有杰出发明"，甚至超越了"米开朗琪罗、拉斐尔或提香"的成就。② 尔后的笛卡尔科学—哲学也认识到了语言常规用途的创造性，并作了更深层次的探讨，这类研究很快成为笛卡尔科学—哲学的核心要素，事实上也成为判断心智作为独立实体的主要标准。这就理所当然地导致有人，尤其是杰罗·德·戈德莫瓦（Géraud de Cordemoy），努力设法来检测是否

① Dan Dediu and Stephen C. Levinson, "On the Antiquity of Language: The Reinterpretation of Neandertal Linguistic Capacities and Its Consequences," *Frontiers in Psychology* 4, no. 397 (2013): 1-17, doi: 10. 3389/ fpsyg. 2013. 00397.

② Galileo Galilei, *Dialogue Concerning the Two Chief World Systems* (1632), end of "The First Day".

还有其他生物拥有与我们一样的心智。[①] 这些研究有点类似“图灵测试”，只是各自设想的理念大不一样。德·戈德莫瓦的试验，例如检测酸性的石蕊，意在为研究这个现实世界寻求一些结论，而图灵的模仿游戏，德·戈德莫瓦说得很清楚，没有这样的目标。

暂且将这些重要的问题抛开，我们今天没有理由怀疑笛卡尔的基本见解，他认为，语言的运用有创造性：它总是那么富有创意，无拘无束，适应环境，但不是环境引起的——这一特征很重要——还能给他人以启发，使其意识到他们自己也能表达同样的想法。我们采取某种方式而不是其他方式说话，也许是受到了环境和内部条件而不是其他因素的“激励或引导”，但并不像笛卡尔的后继者们所说的那样是“被迫”的。我们还应该记住，威廉·冯·洪堡那句如今经常被引用的格言——语言就是无限地使用有限的手段——指的是语言的**使用**。他完整的表述是：“语言尤其面对着一个真正浩瀚无边的领域，它浓缩了全部可思维的对象。因此，语言必须无限地使用有限的手段，而且它能够做到这一点，通过它使言思合一的力量。”[②] 这么一来，他一方面沿袭了伽利略及其他人的传统，也将语言

① 参考文献和讨论见 Noam Chomsky, *Cartesian Linguistics: A Chapter in the History of Rationalist Thought*, 3rd ed., with introduction, James McGilvray (Cambridge: Cambridge University Press, 2009)。

② Wilhelm von Humboldt, *On Language: On the Diversity of Human Language Construction and Its Influence on the Mental Development of the Human Species*, trans. Peter Heath (1836; New York: Cambridge University Press, 1988), 91.

与思维紧密联系起来，但远远超越了这一范围，同时也表述了传统语言观的一个版本，用塔特索尔最近的话来说就是，将语言看作“我们现代人唯一最了不起的发明”。

有限的语言手段使无限的语言运用成为可能，对前者的了解已有可观的进展，但是后者很大程度上仍很神秘，虽然在指导语言运用的规则这一范围狭窄得多的问题上，人们的理解也有了明显的进展。这个谜有多深呢？这是个好问题，容我留待第二章再谈。

一个世纪以前，奥托·叶斯帕森（Otto Jespersen）提出了凭借有限的经验，“说话者在大脑中如何形成语言结构”这一问题，从而形成了“明确到足以指导每个人构建自己句子”的“结构概念”，其中的关键是对说话人和听者而言一般都是新的“自由表达方式”。[①] 而语言学家的任务就是发现这些机制，研究它们是如何在大脑中形成，进而揭示出“隐含于所有语言语法之下的伟大原则”。通过揭示这些原则，获得“对人类语言和人类思维最内在本质更深刻的见解”。这些观点在今天听起来，比较起在结构主义/行为科学的年代，远没有那么怪诞了。那个年代的语言学领域，结构主义/行为科学占主导地位，叶斯帕森关注的问题以及它们所基于的传统均被边缘化了。

在重新表述叶斯帕森的方案时，主要任务是研究各种 I-语言中各个界面的真实本质，以及使它们产生关联的生成程

① Otto Jespersen, *The Philosophy of Grammar*（New York：Holt，1924）.

序；还要确定这些界面在大脑中是如何产生和使用的，其中关注的重点当然是“自由表达方式”；在此基础上，还要揭示决定人类所用I-语言本质的共享生物特性：普遍生成语法，即叶斯帕森称为“隐含于所有语言语法中的伟大原则”的现代版本。我们现在将其表述为基因天赋的问题，人类独有的语言能力以及I-语言中的具体实例，均源于这一天赋。

20世纪中叶，生物语言学框架内的生成语法的视角转向，为深入语言及其相关课题研究开辟了新的路径。能收集到的语言实证材料得到极大的扩充，涉及最宽泛的文本类型，对其研究的深度也是六十年前无法想象的。这一转向还极大地丰富了研究某一特定语言的相关实证的多样性，包括语言习得、神经科学、分裂理论以及大量其他内容；此外，基于语言能力有赖于共享的生物天赋这一确定的假设，这些材料还将包括研究其他语言的成果。

六十年前，显性生成语法的研究甫始，即发现许多令人困惑的现象。如果没有明确表述和研究基本特质，句法仍只是被当作由习惯和类比决定的“词语的使用”，这样的现象也就不可能被注意。这使人不禁联想到现代科学的初始阶段。千百年来，科学家们一直满足于对熟悉现象所作的简单解释：岩石落下来，溪水上涨，均缘于它们只是回归本来的位置；物体因为相互吸引或排斥而相互产生作用；我们能感觉到三角形，因为它的形态穿透空气而出现，在我们脑海中留下了印象，诸如此类，不一而足。伽利略和其他科学家们开始质疑大自然的现象之时，便开启了现代科学之滥觞——人们很快发现，许多信仰毫无意义，很多直觉是错误的。敢于质疑是一种值得培养的宝贵品质，对少儿如此，对高端领域的探索亦然。

六十年前，人们发现一个语言的谜题，它至今仍未解决。我认为这个问题意义重大。问题与一个简单但奇怪的事实有关。请看下面这个句子："Instinctively，eagles that fly swim."（本能地，飞翔的老鹰游泳。）副词"本能地"与动词有关，但这个动词是"游泳"不是"飞翔"。出于本能可以飞的老鹰能游泳，这么想是没有问题的，但是不能这样来表达。同样的道理，"Can eagles that fly swim?"（飞翔的老鹰能游泳吗？）问的是游泳的能力而不是飞翔的能力。

令人困惑的是，两句的起始部分"本能地"和"能够"与动词的联系比较远，是基于结构特质的联系，而不是基于线性特点的邻近原则，而后者是简单得多的运算操作，在语言的处理中本应是首选。语言运用最小化结构距离的特质，却从不使用最小线性距离这一更为简单的操作；在本例和许多其他实例中，语言设计没有考虑处理的难易度这一问题。用技术术语来说就是，其中涉及的规则毋庸置疑地是**结构依赖性**的，是不顾线性语序的。令人困惑的是为什么要这样——不仅仅英语如此，每种语言都是如此，不仅仅是这些结构，所有其他结构都是如此，涉及的范围极广。

在这种情况下，儿童本能地就知道正确答案，对此有一简单而合理的解释，但证据很少，甚至没有证据：那就是语言学习者在面临这种情况时，根本就没有考虑线性语序。引导他们的深层原则是寻找最小化结构距离，而不是最小线性距离这一更简单的操作。我找不到其他的解释。当然这一种解释要求进一步的说明：为什么会这样呢？这与普遍生成语法，这一基因决定的语言特点，有何关系？而正是普遍生成语法决定了这种特殊的条件。

最小距离原则广泛用于语言设计中，这可以假定为另外一条原则的运用，一条更具普遍意义的原则，我们称之为最简运算（Minimal Computation），最简运算原则进而又可能体现了有机世界，甚至更大范围的更具普遍意义的特质。然而，一定存在某种语言特质限制了最简运算，所以尽管在运算和加工中，线性距离更简便，最简运算采用的却是结构距离而非线性距离。

还有来自包括神经科学在内的其他领域的独立证据支持上述结论。米兰一个研究小组为两组受试者提供了两类刺激，一类是符合普遍生成语法的杜撰语言，一类是不符合普遍生成语法的其他语言，然后研究了他们的大脑活动。在后者的情况下，例如将否定成分置于第三个词后的否定规则，这是一条比人类语言否定规则简单得多的运算操作，他们发现，在与普遍生成语法一致的情况下，在语言领域有正常的激活，但是没有使用线性语序时就没有。[①] 在这种情况下，大脑活动显示，这一任务被理解成了一个非语言谜题。尼尔·史密斯（Neil Smith）和艾安西-玛丽亚·琴普丽（Ianthi-Maria Tsimpli）研究了一个认知力受损但是有语言天分的受试者，也得出了类

① Mariacristina Musso et al., "Broca's Area and the Language Instinct," *Nature Neuroscience* 4 (2003): 774-81, doi: 10. 1038/nn1077.

似的结论。有趣的是，他们发现正常人使用线性语序也不能处理违反普遍生成语法的情况。正如史密斯的结论所说："即便他们能在非语言环境下轻易解决类似的问题，却无法将其概括为合适的独立于结构的普遍规则，看来是试验的语言学模式阻止了他们。"①

计算认知科学中有一小分支尝试证明，语言的这些特质能够通过大数据的统计分析掌握。事实上，人们从这个角度认真研究过的有意义的语言特质为数极少，这是其中之一。每一次明确符合调查条件的尝试，其结果都被证明是必然的失败。②但是更有意义的是，所付出的努力一开始就偏离了关键点，成功实际上是不可能的。若真要成功，他们就丝毫不能回避最初提出的也是唯一严肃的问题：在相关例证中，为什么语言毫无例外地使用最小结构距离这一复杂运算特质，而对于简单得多的最小线性距离选择，却总是置之不顾？没有抓住这一关键点，就说明缺乏我在上文提到的质疑精神。严肃的科学研究第一步就是质疑，至迟自伽利略以来，这已成为自然科学界的共识。

还有一个论题更具普遍意义，这就是在涉及句法—语义学的语言核心部分运算中，从来都没有线性次序可以选择。可见

---

① Neil Smith, *Chomsky: Ideas and Ideals*, 2nd ed. (Cambridge: Cambridge University Press, 2004), 136. See also Neil Smith and Ianthi-Maria Tsimpli, *The Mind of A Savant: Language Learning and Modularity* (Cambridge: Blackwell, 1995).

② Robert C. Berwick, Paul Pietroski, Beracah Yankama, and Noam Chomsky, "Poverty of the Stimulus Revisited," *Cognitive Science* 35, no. 7 (2011): 1207 - 42, doi: 10.1111/j.1551 - 6709.2011.01189.x.

线性次序只是语言的边缘部分，是感觉—运动系统特质的反映。但是它不可或缺：因为我们无法并列说出要说的内容，或并列建构要建的结构，只能用一串串的词语。就最基本的方面而言，感觉运动系统并非专门为语言而设：其外化和认知的核心部分似乎早在语言出现之前就业已存在。猿类甚至无法迈出语言学习的第一步，不能像人类婴儿那样可以从身边“喧哗热闹的混乱”中本能地即刻获取与语言相关的数据，猿类没有这样了不起的本领，但有证据表明，黑猩猩的听觉系统经训练后很有可能听得懂人类语言。[①] 虽然似乎只有人类具有控制说话声道的能力，但考虑到人类语言的产生是模态独立的，这一事实没有太多意义。近期对符号语言的研究确认，猿类用姿势准确表意的能力基本是毋庸置疑的。显而易见，语言习得和设计涉及更为深刻的认知特质。

虽然没有解决问题，大量的证据说明，更具普遍意义的观点有可能事实上是正确的：基本的语言设计忽视次序和其他外在形式的安排。特别是，核心事例中的语义解释依靠层级，而不是外在形式中发现的次序。如果是这样，那么基本特质就与我先前表述的不尽一致，也与近来的文献，包括我本人的论文中所表述的不尽一致。基本特质应该理解为层级结构性表达方式的无约束组合的生成，它映射至概念—意图界面，提供一种“思维语言”（language of thought）——而且很可能是唯一的

---

① W. Tecumseh Fitch, “Speech Perception: A Language - Trained Chim-panzee Weighs In,” *Current Biology* 21, no. 14 (2011): R543 - 46, doi: 10.1016/j.cub.2011.06.035.

这种“思维语言”（LOT），同时也引发一些有趣的问题。关于这种投射的地位和特点也引发了有趣而重要的问题，不过在此不赘述。

如果上述推理基本上正确，那么就有理由回到语言是“思维的工具”这一传统观念，并且对亚里士多德的名言作出相应的修正：语言不是有意义的声音，而是有声音的意义——更概括地说，是具有某种外化的形式。尽管还能轻易找到其他形式，但其典型的形式就是声音：前辈研究者们对符号的研究已显示了符号与口语在结构上、习得以及神经表征等方面都极具相似性。当然，外化的模式有很大的不同。

值得注意的是，外化很少用到。大部分语言的运用从来不外化。这是一种内在对话，对此话题的研究有限。追溯至利维·维果茨基（Lev Vygotsky）[①]，他有些观察与内省法揭示的情况是一致的——至少与我的看法是一致的：抵达意识的只是零散的碎片。有时候，完整的表达方式在一瞬间出现于脑海，快得连说话人都来不及反应，甚至有可能都来不及给它们一点引导。这是一个有趣的话题，几乎没有人研究过。可是这值得研究，而且可以从多个分支进行研究。

且不论研究分支的问题，仅凭对语言设计的调查，就有充分理由认真对待将语言主要视为思维工具这一传统观点。可见外化就是一个辅助过程，其特质主要是或完全是独立的感觉—运动系统的反映。进一步的调查也支持这一结论。由此可知，

---

① Charles Fernyhough, “The Voices Within: The Power of Talking to Your-self,” *New Scientist*, June 3, 2013, 32-35.

加工是语言边缘的一面，而有赖于外化的语言各种具体的使用，例如交际，则属于更为边缘的一面，这与缺乏真正依据的实质上的教条（virtual dogma）相反。据此还可以认为，近年来关于语言进化的大量推测将关注点放在交际，都偏离了正轨。

视语言的功能为交际确实只是实质上的教条。其典型的表述方式如下："重要的是，在一个语言使用者的社团中，使用的词语要统一词义。满足了这一条件，就有利于实现交际这一语言的主要用途。如果所用词语不符合大多数人赋予的词义，就无法与他人有效地交际，就会达不到语言的主要目的。"①

首先，认为语言具有目的这一想法就很奇怪。语言不是人类设计的工具，语言是生物体，就好比视觉、免疫或消化系统一样。这些器官有时被说成有功能，是为了实现某种目的。可是这一看法太过模糊。以脊椎为例，其功能是使我们站立起来，保护神经，生产血细胞，储存钙，抑或是为了上面所有这些功能呢？我们在问及语言的设计和功能时，都会产生类似的问题。面对这类问题，一般会考虑进化的看法，可是这些远不是小问题，就脊椎而言也不是小问题。至于语言，关于进化的诸多推测一般都转向在动物王国发现的各种交际系统，不过那仍是现代法则的反映，很可能是条死胡同，至于理由我已有陈述，稍后还会再谈。

---

① William Uzgalis, "John Locke," in *The Stanford Encyclopedia of Philosophy* (Fall 2012 ed.), ed. Edward N. Zalta, http://plato.stanford.edu/archives/fall2012/entries/locke/.

此外，即便语言迄今都是用于交际，那也没有必要与人分享意义（或者声音，或者结构）。交际并非一种非此即彼的正误判断，而是一种可多可少的选择。双方的契合度若不够，那么就像在日常生活中一样，交际在某种程度上是失败的。

即便术语“交际”自身也被剥夺了大部分的实质内容，只是被用来指适合形形色色社交的装饰之词，无论就哪个方面的意义而言，交际都只是语言用途极小的一部分。

简而言之，这标准的法则缺乏基础，而且现在有明确的证据说明，该法则缺乏真实性。语言无疑有用于交际的时候，就像时装、面部表情和姿势以及许多其他手段也都能用于交际一样。可是语言设计的基本特质表明，即便我们不至于像洪堡那样将语言与思维视为对等，一种丰富的传统正确地将语言主要视为思维工具。

如果进一步考虑基本特质，这一结论就更为稳妥无误了。我们对基本特质的阐释当然是要最简洁的，这是尽可能减少任意规定的理论——因为每一规则都妨碍对语言起源作出最终解释。我们还要了解，这一标准的科学办法对我们能有多大程度的帮助。

在每一个相关的步骤中，最简单的运算操作，就是用已构建的 X 和 Y 来构成一个新的对象 Z，且称之为融合（merge）。最简运算的原则要求，X 和 Y 都不因融合而改变，它们出现在 Z 中是无序的。因此，融合（X，Y）＝{X，Y}。这当然不是像现在有些误解所声称的，大脑包含了各种集合，而是说，无论大脑中有什么在运作，其特质都适合用这些术语来概括——就好比我们不会期待在试管中发现凯库勒的苯环状结构图一样。

要注意，如果语言在这方面确实符合最简运算原则，那么，对于线性语序为何只是语言的一个辅助特质，在核心句子和语义运算中显然并不存在，我们的答案就意味深长了：语言设计在这方面是完美的（对此我们同样可以问一个为什么）。再一细看，支持这一结论的证据极多。

假设 X 和 Y 融合，双方都不是对方的一部分，就像将 read 与 that book 构成一个句法组合，与 read that book 相对应。这可以称为外部融合。假设其中一方是另一方的一部分，就像将 Y = which book 与 X = John read which book 组合在一起，构成 which book John read which book，经进一步操作后再成为 which book did John read 结构，至于这一操作步骤我后面再谈。这就是自然语言中普遍存在的位移现象：在某处听到的短语，但是该处与另一处的解释是一致的，所以句子被理解为“for which book x，John read the book x”。在这种情况下，X 与 Y 融合的结果又是 {X，Y}，但是有两份 Y（= which book），一个是留在 X 的原版，另一个是与 X 融合后的替代版。这可称为内在融合。

有一点很重要：必须避免一个常见的，包括专业文献中也会出现的错误解读。没有操作备份或再融合。内在融合恰好生成两个版本，但那是在最简运算原则下融合的结果。该原则使融合采取最简单的形式，与融合的两大要素均不相干。不同备份或再融合的新原则不仅没有必要，还会导致大量困难。所以如果需要这两个新原则，那也只能严格限于在内在融合这一极为具体的条件下运用，但实际上，融合的最简原则会自动满足这个条件。

外在和内在融合是双元融合仅有的两种可能情况。如果我们按最佳途径构成融合，不设任何进一步的条件，将其用于任意两个已建句法对象，那么二者都会自由。这样会要求规则或者阻止其中的一个融合，或者使其中之一变得复杂。这一事实很重要。多年来，大家都假定，包括我也一样，位移是语言的一种“不完善”，一种奇怪的特质，需要用关于普遍生成语法的更复杂机制和假设才能解释清楚。然而这种想法后来证明是不对的。位移是我们基于最简单假设的意料之中的现象。如果没有位移，那会是一个缺陷。有时有人建议，外在融合显得更简单，在设计或进化中应该享有优先权。这种看法没有基础。要说有所不同，我们可以认为，内在融合更简单，因为它为了运算对工作区进行的搜寻要少很多，而不是说我们要多关注它。

另一个重要事实是，最简形式的内在融合——满足最简运算首要原则——大多是为了形成适合语义解释的结构，如同“which book did John read”这一简单例证所示。然而，这些对感觉—运动系统来说都是错误的结构，语言中的普遍情况是，只有在结构上最突显的版本才发音，如本例所示，低版本中就删除了。其实有一类例外很能说明和支持这一论点，在此不赘述。[①]

最简运算在删除版本之前的步骤是：尽可能地减少运算和发音。这是最简运算另一无甚争议的运用，其结果是：说出来的句子有缺口。听者必须动脑筋想想，所缺的成分在哪儿。正如在感知和分析研究领域广为人知的一样，这一点给语言加工带来了诸多难题，即补缺问题。在这些类别宽泛的实例中，尽管语言的加工和使用非常复杂，语言设计也倾向于选择最简运算。

需要注意的是，任何通过其他机制替代内在融合的语言理论都要提供一个双层证据：需要证明阻止内在融合的规则的合理性，还要证明意在解释位移的新机制的合理性。位移其实就是带备份的位移，一般而言是语义解释的正确形式。

比这复杂的例证也有相同的结论。例如请考虑这一句："（which of his pictures）did they persuade the museum that（［every painter］likes best］?"这是由内在融合从隐含结构"（which of his pictures）did they persuade the museum that（［every painter］likes［which of his pictures］best)?"直接衍生而来，系由内在融合带两个备份位移直接构成的结构。读出的短语"which of his pictures"可理解为"likes"的宾语，处于缺口位置，与"they persuaded the museum that［every painter］likes［one of his pictures］best）"中的"one of his

① Tue Trinh, "A Constraint on Copy Deletion," *Theoretical Linguistics* 35, nos. 2-3 (2009): 183-227. 在此我搁置几个引起各种进一步问题的话题，其中包括"显性操作"。在显性操作中，只有第一次出现的备份才外化。

pictures”位置平行。而这正是带两个备份隐含结构所提供的语义解释。

此外，在“（which of his pictures）did they persuade the museum that（［every painter］likes best）?”一句中保留了every与his之间的量词—变量关系。答案可以是“他的第一幅画”——与每一个画家都不同。如同在“they persuaded the museum that（［every painter］likes［one of his pictures］best）中的解释一样。”相比之下，对于结构与上述表达式相似的“（which of his pictures）persuaded the museum that（［every painter］likes flowers）?”而言，就不可能有这种答复。在这种表达式中，“his pictures”并不在“every painter”的范围之内。显然，是未发声的备份提供了这一量词—变量结合以及动宾解释所需要的结构。其结果再次明确无误地直接遵循了外化条件下的内部融合和备份删除。还有许多类似的例证，这些例证随着复杂性的增加，同时也给我们提出了有趣的问题。

例如在“instinctively，eagles that fly swim”这一较简单的例证中，很难想象这是某种数据加工产生的结果。语言学习者是无法获得相关数据的。因此，用休谟的话来说，这些结果只能来自“自然的初始之手”。用我们的话来说，那就是来自遗传禀赋。具体来说，就是普遍生成语法与最简运算等一般原则相互作用，从而决定语言的结构。正是通过以上这些方式，我们可以就普遍生成语法的本质得出意义深远而且是肯定的结论。

文献中经常有人声称，普遍生成语法已被驳倒，或者说普遍生成语法并不存在。这肯定是个误会。要否定普遍生成语法的存在，也就是说，要否定支撑语言能力的生物禀赋，那就意味着宣称一个奇迹：人类有语言而其他生物没有。然而，这些说法大概不是在说普遍生成语法，而是一种描述性的概括，例如是在说约瑟夫·格林伯格[①]关于语言普遍性的重要建议。再例如，在奎因的《语词和对象》[②] 新版引言中，帕特里夏·丘奇兰（Patricia Churchland）引用了一段无关的引文，她写道："语言上的普遍原理一直都是理论家们的宠儿，可是这些原理一个接一个地都与田野语言学家的数据不符，从而都受到了重创。"她此时很有可能在想，这些事实证实了奎因的看法，"及时的反思方法和证据应该足以打消大部分关于语言普遍原理的言论"。但此处指的是语言诸多的普遍规则。现实中，田野语言学家不但发现和确认了语言一般有效而重要的普遍规则，还发现和确认了普遍生成语法不变的特质。"田野语言学家"这一术语的意思是，无论其工作地点是在亚马逊丛林，还是在巴西贝伦或纽约的办公室，他们的工作是有数据支撑的。

上述看法中的真理是，普遍规律可能有例外，这些例外对探究具有刺激价值，譬如我上文提到的备份删除就有例外。科学上，大家对例外都有经验。发现天王星轨道上有摄动现象，

---

① 约瑟夫·格林伯格（Joseph Harold Greenberg，1915—2001），美国语言学家和人类学家，主要研究语言的分类和类型。编注。

② Patricia S. Churchland，foreword to W. V. O. Quine，*Word and Object*（1960；repr.，Cambridge，Mass.：MIT Press，2013），xiii.

并没有导致对牛顿定律和开普勒定律的否定，也没有因此将结论泛化，进而否定物理定律的存在，而是导致了对存在新行星的假设，继而发现海王星。基本上合理的描写性普遍规则多有例外，这些例外在各门科学中的作用与上述所言相似，在语言研究中也反复发挥了同样的作用。

那么，有充分说服力和意义深远的证据表明，如果语言是最优设计的，它就会提供适合语义解释的结构，而不会给感知和语言处理（以及交际）带来困难。还有诸多其他例证，譬如被动语态。有人提出，被动语态可以证明语言是为了交际而设计的。譬如在“男孩们拿了书”一句中，如果我们想突显“书”，被动语态就能帮我们做到这一点，将句子说成：“这些书是男孩们拿的。”其实，结论恰好相反。根据最简运算的语言设计，一般是禁止这种说法的。假设在“男孩从图书馆拿走了书”一句中，我们希望突显“图书馆”，将句子改为“图书馆被拿走书男孩们”，语言设计并不允许这种说法，这就又为交际设置了一个障碍。

有趣的是，在有些例证中，运算与交际效率直接对立，相互矛盾。在每一已知例证中，优先考虑的都是运算，舍弃的都是交际的便利。许多这类例证都是大家熟悉的，其中包括歧义结构以及“花园路径句子”，例如“跑过谷仓的马摔倒了”这种初看起来不合语法的句子。另一独特的例证是所谓群岛（islands），即禁止提取（内部融合）的结构。前提是它们符合提高运算效率的规则。能说明这一点的例证是与“They asked if the mechanics fixed the cars”（他们问机械师是否已修好汽车）这一表达式相关的诸多问题。我们可以问“有多少辆车”，从而引出“他们问的是有多少辆车是否修好了”；我们也可以问“有多少机械师”，从而引出“他们问的是多少机械师是否修好了车”。这两个问句地位悬殊：询问“有多少机械师”的想法很好，但表达时须用点迂回的手法，这就再次妨碍了交际；在技术上这违反了空语类原则（ECP）。这方面似乎也有反例，例如意大利语就有。上述这些认识导致了路易吉·里吉（Luigi Rizzi）在零主语语言本质方面的各种发现[①]，同时进一步证实了空语类原则，也再次说明了所提普遍原则及其明显例外的价值。

还有许多类似的例证。各种结构在能被理解的前提下，是由各种最简规则自由行使功能而产生的，从而也给感知和语言加工带来困难。同理，当加工的难易和交际效率与语言设计的运算效率发生冲突时，就每一已知例证而言，都是舍弃前者。这从设计巧妙且有意思的一些方面进一步证明了语言是一种思维工具，外化只是一个从属过程，更不用说交际以及外化语言的其他用途了。实际观察到的情况往往给人极具误导性的假象，掩盖了隐含的原则。正如诺贝尔化学奖得主让·巴蒂斯特·皮兰（Jean Baptiste Perrin）所说，科学的关键艺术就在于从“复杂的显性要素到简洁的隐形要素”的还原。

为了更清楚揭示出问题的症结所在，我们将此处概述的论点反过来，以更简洁的方式表述。我们首先提出了语言的基本

---

① Luigi Rizzi，*Issues in Italian Syntax*（Dordrecht：Foris，1982）.

特质，问了一个问题：采取常规的科学方法时，把握住这一基本特质的最简运算系统会是什么。回答是：融合。以最简形式、包含外在和内在两个变量的融合。内在变量产生“运动的备份理论”。在范围广泛的大量重要例证中，“运动的备份理论”产生的形式适合概念—意图界面的语义解释，但没有秩序或其他安排。那么，一种外化的辅助过程将内在生成的对象转换为一种适应感官—运动系统的形式，其安排根据外化需要的感官模式而变化。为了删除备份，外化也服从最简运算。这就给语言加工和使用（包括交际这一特殊用途）带来困难。最佳假设的一个后果是，规则无一例外地都依赖结构，这就解决了本章开头提出的以及其他类似的困惑。

一个范围更宽泛的研究项目——近年来被称为最简方案——打算从最佳假设（即强势最简命题 strong minimalist thesis，SMT）开始，探讨面对天地间观察到的森罗万象以及丰富多彩的语言种类时，这一假设能在多大程度上成立。在发现缺省之处，方案的任务就是探讨数据是否能重新解释，或者最简运算的原则能否修改，以求在 SMT 框架内解决相关的疑问，从而在一个富有生趣和新意的领域为伽利略的一条教诲提供某种佐证。他说，大自然其实很简单，科学家的任务就是证明这一点。当然，这是极具挑战性的任务。我认为，公平地说，虽然无疑仍存在着诸多极大的问题，但仅仅只是比较几年之前，在今天看来任务的可行性已大了很多。

紧接着上述内容的是一个需要进一步考虑的问题：假若 SMT 成立，语言为什么应该是最优设计的？这是一个引导我们考虑语言起源的问题。正如塔特索尔讨论过的一样，在进化的时间坐标上，语言出现得不久，也很突然，但SMT假设与非常有限的现有证据极为吻合。现在有人推测，大脑的线路略有微调，于是产生了融合，当然是采取了最简方式，从而为无羁无绊且富有创意的思维提供了基础。这就是考古揭示的"大跃进"，标示了现代人类与人类祖先以及动物王国其他物种重大区别的基础。这一推测为今后的研究和探讨展示了广阔前景，若能成立，我们就有可能为语言明显的最优设计问题找到一个答案：在假定环境下，这是可以预料得到的结果，即没有选择性或其他压力起作用，所以新兴体系应该只是遵循了大自然的规律，在这种情况下就是最简运算原则，而没有采取雪花的构成方式。

这些说法仅仅触及问题的表层。也许它们能够说明为什么寻求"语言是什么"这个问题的答案很重要，还能说明就这一基本问题的深入研究会带来什么样的影响，即人类是怎样的造物。

第二章　我们能理解什么？

在第一章，我们讨论了“语言是什么？”的问题，并进一步思考，通过探寻语言这一人类独有的天赋，我们对人类这一造物会有多少了解。我相信会了解很多，并且也尝试提出相关建议并予以说明。在本章中，我将更广泛地讨论人类的认知能力问题，特别是这些能力是如何建构我们理解的视域和边界的。

欧文·弗拉纳根（Owen Flanagan）新造了一个名为“新神秘主义”的概念，将它定义为“一种直刺科学主义心脏的后现代主义立场”。该概念主张“我们永远不可能完全诠释意识”①。该术语现在使用的范围已经宽泛很多，涉及人类智力可及的诠释范围和属性等诸多问题。我将赋予这个术语更广泛的意义。在我看来，这个术语的意义应该更丰富。

---

① Owen Flanagan, *The Science of the Mind*, 2nd ed. (Cambridge, Mass.: MIT Press, 1991), 313. See also "New Mysterianism," Wikipedia, http://en.wikipedia.org/wiki/New_Mysterianism.

我被认为是引发这种奇特后现代异端邪说的罪魁之一，不过我宁可将它换个名称：公理。四十年前，我在提出**问题**与**奥秘**之间的区别时就有如此的想法。前者在我们的认知能力范围之内，后者则不然。[①] 借用查尔斯·桑德斯·皮尔士对溯因推理一词的论述来说，人类大脑是一个生物系统，为其提供一套有限的“可接受假设”。这些假设是人类科学探究的基础，据此推理，这也是普通意义上的认知能力的基础。从简单的逻辑角度来说，该系统必须排除其他假设和观点，因为我们根本无从理解它们，或者因为层次太高，事实上超出了我们力所能及的范围。结构迥异的大脑也许能理解，但皮尔士可能不会这么认为。普遍生成语法对语言起着类似的作用，其基本观察对所有生物能力的考量也适用。

皮尔士的溯因推理有时被誉为能获取最佳解释的推理，这一概念虽然还不够成熟，其意义却远远超越了概念本身。至关重要的是，皮尔士坚持“可接受假设”是有局限的，而且局限性很大，这是为“想象正确的理论”而设立的一个先决条件。他在此关注的主要是科学知识的增长，但这一点也适合常识性理解的习得，特别是适合语言的习得。[②]

即便是对我们有能力建构的那些问题来说，这应该也是适

---

① Noam Chomsky, “Problems and Mysteries in the Study of Human Language,” in *Language in Focus: Foundations, Methods and Systems: Essays in Memory of Yehoshua Bar-Hillel*, ed. Asa Kasher (Boston: Reidel, 1976), 281 - 358. 一个扩充了的版本，见 Chomsky, *Reflections on Language* (New York: Pantheon, 1975), chap. 4。

② Noam Chomsky, *Language and Mind* (New York: Harcourt, Brace & World, 1968), 78 - 79.

当的；先天结构决定了我们能提出丰富多样、可以表述的问题，同时也有无法提出的问题，而这些问题对于某些不同物种的大脑却可能是可以提出的。我还引用了休谟的一些类似观点。他认识到，与“野兽”一样，“人类的大部分知识”有赖于“源于大自然初始之手”的“一系列自然本能”——用我们的话来说就是遗传基因的馈赠。因此可以看出，以上几个结论都是相似的。

在我看来，这些都像是不言而喻的公理。那么，如果我们是生物有机体而不是天使，我们的认知机能与平常所说的“身体能力”就应该是相似的，所以也应该完全像研究身体其他系统一样研究认知机能。

让我们以消化系统为例。脊椎动物具有“第二大脑”，即“肠道大脑”，这一肠道神经系统是一个“神经整合和加工的独立场所”。其结构和构成细胞“比任何其他外周器官更像大脑”。肠道的神经细胞比脊椎更多，实际上“比我们周围神经系统的其余部分加起来都多”，仅小肠就有1亿多个神经细胞。肠道大脑也是一个“巨大的化学仓库，其中包含大脑具有的每一类神经递质”，其内部的交流“丰富多样，如大脑般复杂”。“唯有”肠道这个器官“所具备的内在神经系统完全不需要依赖大脑或脊髓的输入就能进行调解反射”。肠道大脑的进化一直是与脑部大脑同步的。它已成为“一个充满活力的现代数据处理中心，使我们得以无需动脑筋就能完成一些极为重要但不太愉悦的任务”。如果幸运，可以在“意识不到的情况下，高效率地完成”任务。肠道也有可能患上“自己的神经官能症”。

现在有研究报告说，肠道也容易患上阿尔茨海默病、帕金森氏症以及自闭症等大脑疾病。它有自己的感官传感器和监管装置，用来接受与其有互动的器官所施加的各项具体任务，排斥来自其他器官的任务。[①]

毫无疑问，“大自然的初始之手”决定了肠道大脑能做什么和不能做什么。也就是说，肠道大脑有其能解决的“问题”，也有超越其能力之外的“奥秘”。范围与局限是互为关联的：提供范围的结构特质同时也设置了限制，对此同样不存在争议。就肠道大脑而言，没有人讨论过有点模糊的“天赋假说”，因为除了对什么是遗传成分存在各种不同看法之外，这个研究领域不存在这样的假说。该假说用于语言问题上时，却往往受到指责，也从来没有人为之辩护。这么多年来，对肠道大脑的基因构成，如同对其他领域的基因构成一样，人们仍不是完全了解，但对此也没有怨言。肠道大脑的研究是基于内在的，消化系统的运作关键在于与它相关的外部物质，在于生物体的其他地方或身体之外，但没有哲学批评以这一事实为基础。人们研究的是内部系统的性质及其与外部的相互作用，在此并未涉及哲学上的困惑。

与肠道大脑问题类似的一些想法对第一大脑及其能力，特别是人类语言的研究带来了很大的困难。在我看来，这一例证反映了一种奇怪的倾向，即将人类有机体的心理方面与所谓身

---

① Michael D. Gershon, *The Second Brain: The Scientific Basis of Gut Instinct and a Groundbreaking New Understanding of Nervous Disorders of the Stomach and Intestine* (New York: Harper Collins, 1998).

体方面区别对待。这是一种方法论上的二元主义，其危害远甚于笛卡尔形而上学的二元论，后者是值得尊敬的科学假说。牛顿理论说明，笛卡尔的实体之一——身体，并不存在，这至少在笛卡尔式的意义上消解了心—身问题，由此摒弃了现代科学早期的机械论哲学，并证明笛卡尔形而上学的二元论是错误的。这使"身体的"和"物理的"究竟应该指什么，成了一个开放性的问题。[①] 相比之下，方法论上的二元主义似乎没有任何值得推崇之处。如果我们摒弃它，就很难看出为什么第一大脑的研究，特别是大脑认知研究，应该与肠道大脑或身体任何部位的研究有根本的不同。如果可以这么说，那么与普遍的看法相反，神秘主义以及内在主义仅仅只是多种形式的公理而已。

由于各种不同的原因，许多精英人物都为接受了神秘主义的公理有所内疚。我认为伯特兰·罗素也是其中之一。九十年前，他采纳了休谟"最高等的（确定性），是我自己的感知"这一观点，所以我们可以把心智的各种结构看作为理解感知而付出的努力。无论这是常识理解的反思结构，还是科学上更周密更严谨的努力，都为我们揭示了知觉"所被给予"的是一个来自外部数据和思维结构的构件。这些话题 C. I. 刘易斯[②]在

---

① 关于本话题更多的讨论以及后面讨论的其他问题，见第四章。

② C. I. 刘易斯（Clarence Irving Lewis，1883—1964），美国哲学家，实用主义概念的奠基人。编注。

罗素之后不久又作了有趣的讨论。[1]

正如休谟所说，我们必须坚持“牛顿哲学”，要“在一定程度上持怀疑态度，对于超越人的能力极限的领域，坦然承认自己的无知”。对休谟来说，牛顿哲学实际上涵盖了事物表象以外的一切。我们必须“避免涉及表象真实本质和操作的长篇大论”。想象是“灵魂的一种神奇能力……是人类竭尽理解的全力也无法解释的”。正是想象使我们相信，我们在感受外在连续的事物，包括心智或自我。[2] 这与约翰逊博士、G. E. 摩尔以及其他令人尊敬的人物的看法相反，在我看来，休谟的推理似乎是值得尊重的。

在对休谟《人性论》的仔细详尽的研究中，盖伦·斯特劳森[3]表示，休谟终于认识到他面临的困难比预料的大得多。休谟总结道：“很明显，大脑中的各种思想和观念之间是存在一条关联原则的。”这是一种真正的联系，不是凭想象而来的假象。但是他的哲学/心理学体系中，没有位置容纳这种真实存在的实体，所以最后他的“希望消失了”。他的基本原则全都无可挽回地崩溃了。哲学史上令人感叹之事有之，令人唏嘘之事亦有之，而这就是其中之一。[4]

---

① Bertrand Russell, *The Analysis of Matter* (New York: Harcourt, Brace, 1927), chap. 37; C. I. Lewis, *Mind and the World-Order: Outline of a Theory of Knowledge* (New York: Scribner, 1929).

② Galen Strawson, *The Evident Connexion: Hume on Personal Identity* (Oxford: Oxford University Press, 2011), 56.

③ 盖伦·斯特劳森（Galen Strawson，1952— ），英国分析哲学家兼文艺评论家。编注。

④ Ibid., part 3.

由此可知，在罗素看来，当物理学仅仅只研究感知对象的认知方面时，就只能指望发现“世界的因果关系构架；其他方面则在物理学研究的视野之外”。无论我们在科学研究中能否发现满意的解释，我们事实上仍有最大的把握，能够识别出这些其他方面的存在。

所有这些看来似乎都是彻头彻尾的“神秘主义”，也许略有微调的是将意识视为具有最高等级的确定性。至于其他一切，均纳入“问题”的范围，其中一部分是对人类而言的奥秘。这包括了17、18世纪现代科学和哲学早期被视为“难题”的无解之题。当时难题中最棘手的是运动、引力和斥力的本质问题。这些“难题”不仅从未解决过，甚至最后被放弃了，而它们被感觉更敏锐的人视为永恒的奥秘，如洛克和休谟。在此我们不妨补充一条，至少对人类而言是奥秘。

当时的人们对此是非常理解的。洛克写道，一方面我们“对渴望了解的物质及其影响十分无奈地依然懵懂无知”，也没有掌握（能提供真实解释的）关于身体的科学，另一方面他在读过“智者牛顿先生无与伦比的著作后深信，在这个问题上，若设想用我偏狭的观念来限制上帝之力，简直太大胆”。尽管物质之间的万有引力“对我来说不可思议”，但是，正如牛顿指出的，我们必须承认，上帝的力量足以“赋予身体以操控的能力以及操控的方式，这种能力和方式超乎我们对观念的理解，也超越我们基于对物质的了解所作的诠释”。感谢牛顿的研究，我们知道，“上帝已经这样做了”。[①]

如果承认神秘主义的公理，那么就不能以我是否理解来作为判断事物是否存在的标准。排除神学的考虑后，我们可以换个方式来表述洛克的思想，那就是：他认为大自然有些特质对人类而言是无解之谜。

牛顿对此并不反对。他不断寻求以某种方式来避免得出物体可以超距相互作用这一“荒谬”结论。他推测，无处不在的上帝有可能是导致万有引力相互作用的“非物质媒介”。但是如果没有实验证明，他就拒绝“虚假推测”，所以他只能走到这一步。牛顿最杰出的批评家莱布尼茨认为，无接触的相互作用是“不可思议的”，牛顿认可这一看法，但不认可莱布尼茨所说的这是一种“不合理的神秘特质”。[②] 牛顿认为他的原则不是神秘的，“只有它们的根源才是神秘的”。他希望这些根源能用物理术语来诠释，意思是指机械论哲学或类似的术语。由于没有做到这一点，牛顿主张，要是能从现象中归纳出一般原则来，还“能为我们揭示所有有形事物的行为特质是如何遵从那些明显原则的，那将是哲学跨出的一大步，尽管这些原则的根源还未被发掘”。

安德鲁·贾尼亚克（Andrew Janiak）深入研究了作为哲

---

① John Locke, “Mr. Locke's Reply to the Bishop of Worcester's [Edward Stillingfleet] Answer to his Second Letter,” in *The Works of John Locke in Nine Volumes*, 12th ed. (London: Rivington, 1824), 3: 191, http://oll.liberty fund.org/titles/1724, discussed in Andrew Janiak, *Newton as Philosopher* (Cambridge: Cambridge University Press, 2008), 121.

② Janiak, *Newton as Philosopher*, 9 - 10, 39.

学家的牛顿。他认为，牛顿不承认没有接触就没有作用力与反作用力，是有其独特缘由的。他提出，牛顿认为他的思维不是通过反思经验，或通过物理科学的发展而能有所调整，他对“上帝在物质世界的位置的理解，使他的思维形成一个形而上学框架，该框架正与他的思维模式相符”。再者，“如果超距作用（actio in distans）中有可能存在神性，即神可以在超距状态施加某种作用，那么上帝的全能性则不需要像牛顿以往所解释的那样去按照神性的全能性去解释了”。

后来的牛顿学说信奉者们拒绝了形而上学，从而接受了理论结构内的超距行为。关于世界的那些结论中涉及的不可思议性问题不再予以考虑，尽管它们一直困扰着牛顿本人及其同时代的精英们。

因此，科学探究的目标存在隐性的限制：从现代科学早期真正理解的标准是可理解性，到关于世界的理论是否具有可理解性这一范围狭小很多的目标。在我看来，这应该是人类思想和探索史上极为重要的一步，远比人们普遍意识到的更重要，它在广义上直接影响到神秘主义的范围。

洛克得出了这样的结论，正如上帝赋予了物质万有引力这种不可思议的特性一样，他也有可能给物质“补充”了思维的能力。用“大自然”来取代“上帝”的做法为科学探究带来了话题，也为科学探寻开辟了一条路，而人们在这条路上不断向前，最后得出一个结论：思维是有组织的物质的某些形态所具备的一种特性。[①] 既然达尔文重申了这一普遍接受的常识，那么我们没有必要将思想这一“大脑的分泌物”视为比重力更奇妙的物质特质。[②] —— 虽然在我们看来不可思议，这一事实并不涉及外部世界，而是涉及我们的认知局限。

对这些问题的一些近代早期理解，在近年来被重新发现，而这些新的理解有时让人惊叹。例如弗朗西斯·克里克（Frances Crick）提出了他那“惊人的假设”，认为我们的精神和情绪状态“其实只不过是大量聚集的神经细胞及其相关微粒的作用而已”。在哲学文献中，这一重新发现有时被认为是心智研究激进的新理念。正如保罗·丘奇兰（Paul Churchland）引用约翰·塞尔的话所说，这一新理念“大胆地断言，精神现象完全是自然现象，由大脑的神经生理活动引起”。由于牛顿摒弃了身体（或物理的、物质的，等等）这个唯一连贯的概念，传统的心—身问题无法表述，这些建议便用几乎同样的语言重申了数个世纪前的表述。例如约瑟夫·普利斯特里得出结论：“被称为精神的”各种特性归结到“大脑的有机结构”范畴，洛克、达尔文以及许多其他人都指出过这一点，只是措辞

① 关于“洛克的建议”及其在18世纪的发展，最终导致普利斯特里的重要研究，见 John W. Yolton, *Thinking Matter: Materialism in Eighteenth-Century Britain*（Minneapolis: University of Minnesota Press, 1983）；以及本书第四章的进一步阐述。

② Charles Darwin, Notebook C166, 1838, in *Charles Darwin's Notebooks, 1836-1844: Geology, Transmutation of Species, Metaphysical Enquiries*, ed. Paul H. Barrett et al.（Cambridge: Cambridge University Press, 1987）, 291,［http://darwin-online.org.uk/content/frameset?viewtype=image&itemID=CUL-DAR122.-&keywords=brain+the+of+secretion&pageseq=148］.

不同而已。为早期现代科学提供了基础的机械论哲学崩溃之后，这似乎是不可避免的。[①]

20 世纪的最后十年被称作“大脑的十年”。神经科学家弗农·芒卡斯尔（Vernon Mountcastle）为一部论文集写了序言，评论了文集的研究成果，将文集的主导主题表述为新生物学论题，即“精神上的事物，也就是心智上的事物，是大脑的自然属性，（虽然）这些属性是由……我们尚不明白的……原则导致的”——这再一次重申了 18 世纪的观点，而且所用的语言也几乎一样。[②]

但是，“我们尚不明白”这一短语应该引起注意。我们不妨想想伯特兰·罗素 1927 年的评论。他说，化学定律“目前还不能归结为物理定律”。科学精英们根据这一事实，认为化学不过是一种可以预测试验结果的计算模式，并不是真正的科学。罗素的观察虽然正确，但是人们很快就发现，他还是太保守了。按照当时对物理的理解，化学定律其实是不能归结为物理定律的，只是量子理论的革命使物理学发生了急剧变化，物理过程与实际上没有变化的化学过程还是合一了。

这里大有神经科学和心灵哲学可以借鉴之处。当代神经科学很难说有一个世纪前的物理学那么完善。其实在我看来，关

---

① Paul Churchland, “Betty Crocker’s Theory,” 关于《心灵的再发现》（*The Rediscovery of the Mind*）的评论，by John R. Searle, *London Review of Books*, May 12, 1994, 13 - 14。丘奇兰将塞尔的观点与笛卡尔的观点结合起来，其方式不是很清楚。部分原因是错误阐释了机械论哲学及其命运。关于普利斯特里和其他人的观点，见 Yolton, *Thinking Matter*; and chapter 4。

② Vernon B. Mountcastle, “Brain Science at the Century’ s Ebb,” in “The Brain,” special issue, *Dædalus* 127, no. 2 (1998): 1.

于其基本假设还是有令人信服的批评的。[①] 一般都认为，心智研究是抽象层面的**神经科学**，如果我们说的是今天的神经科学，那么，这一说法最终很可能与九十年前关于化学的类似说法一样，也具有误导性。

请注意，这个问题所引起的诸多疑问，正如本章的讨论一样，并不影响我们把心智和某种抽象层面的大脑等同。

托马斯·内格尔[②]最近的一部专著引发了很大的争议。他写道："我怀疑，心智并非一个无法解释的意外，也非神圣且不同寻常的礼物，而是大自然的一个基本层面。只有超越了当代科学正统的内置极限后，我们才能理解它。"[③] 如果最终发现事实确实如此，那也不算太偏离科学史，但是我认为，他借助"怀疑"和"常识"关注的问题，应该与 17 世纪末被放弃的问题相似，正如牛顿的发现为人所理解有一个过程一样，而且如前所述，追求科学探究的目标受到隐性因素极大的限制。

在这些发现及其意义的影响之下，休谟提出，牛顿最伟大的成就是"揭开了大自然某些奥秘的面纱"，"恢复了（大自然的）终极奥秘本来的神秘面目，这些奥秘一直都是神秘的，将

---

① Charles R. Gallistel and Adam Philip King, *Memory and the Computational Brain: Why Cognitive Science Will Transform Neuroscience* (Malden, Mass.: Wiley-Blackwell, 2009).

② 托马斯·内格尔（Thomas Nagel，1937— ），美国哲学家，研究领域为政治哲学、伦理学等。代表作《人的问题》。编注。

③ Thomas Nagel, "The Core of 'Mind and Cosmos,'" *New York Times*, August 18, 2013; Nagel, *Mind and Cosmos: Why the Materialist Neo-Darwinian Conception of Nature Is Almost Certainly False* (New York: Oxford University Press, 2012).

来永远也会是神秘的”。[①] 至少对人类来说是如此。出于一些本质的原因，一切皆为纯粹神秘主义的某种形式，

至于意识，这一概念大约在同一时期出现于现代哲学话语中。乌都·希尔[②]对这类话题有过综合性深入研究。他近期发现，“意识”是17世纪70年代由英国哲学家拉尔夫·卡德沃思[③]首先将其作为一个具有哲学含义的名词开始广泛使用，但五十年后它才成为具有独立意义的研究对象。[④] 其后，人们如笛卡尔一样，也将意识与思维相提并论。有些人，如洪堡，则进一步将思维与语言等同，由此便产生了思维的语言。这些观点，正如我在第一章所讨论的，在一定程度上都能用现代术语予以再现。

到了现代社会，又有人以种种不同方式将思维与意识等同，例如在奎因的论文中，遵循规则要么归结为“符合”，就像行星符合开普勒定律，要么通过有意识的思维还原至“引导”。或者像塞尔的“连接原则”一样，主张心智的操作一定能以某种方式为有意识的经验所把握。这是很难表述得清晰合理的观点。这些看法，无论是视为试验性的说法，还是作为术语规定，都排除了大部分已发现的语言或感知中的规则遵循。

---

① David Hume, *The History of England* (1756), 6: chap. 71.

② 乌都·希尔（Udo Thiel，1954— ），目前在奥地利的卡尔·弗朗岑斯格拉茨大学任哲学教授，主要研究领域包括认识论、形而上学和美学。编注。

③ 拉尔夫·卡德沃思（Ralph Cudworth，1617—1688），英国神学家兼哲学家。编注。

④ Udo Thiel, *The Early Modern Subfect*: *Self-Consciousness and Personal Identityfrom Descartes to Hume* (Oxford: Oxford University Press, 2011).

例如，我在第一章讨论的语言结构依赖规则，更重要的是其基础，或者唐纳德·霍夫曼[①]在视觉智力研究中所称的“刚性规则”——即使极度缺乏刺激，图像投影也被诠释为“三维刚性运动的投影”[②]。

我们有理由相信，能触及意识的，甚至只是有可能触及意识的，可能不过是一些零散的不可理解的精神过程的反射，这些过程与有时确实触及意识的零散碎片之间产生密切的相互作用。当今就人类如何做决定这一论题进行的著名的利贝特（Libet）试验，在这方面就提供了很多明显的证据。虽然在我看来，把这一系列试验当作意识自由的证据是错误的。很多问题依然存在，其中包括个人职责的驱使，当然，这是在不考虑意识和思考对做决定的影响的情况下。还有认识能力层面上有可能受到的限制也是问题所在。对此，我之后还会提及。

如果触及意识的那些精神过程的碎片，与那些无法触及意识的碎片确实有密切的相互作用，这一点至少在语言运用中是比较明了的，那么将重点局限于自觉意识或者意识的可及性上，就很可能会严重阻碍心智科学的发展。这些都是很有意义的话题，但是在此我们无暇深究。

所以还是回到广义的神秘主义，而不局限于意识问题。正如我认为的，应该将神秘意识视为公理。我们可以考虑各种各

---

① 唐纳德·霍夫曼（Donald Hoffman，1955— ），美国认知心理学家，加利福尼亚大学教授。编注。

② Donald D. Hoffman，*Visual Intelligence：How We Create What We See*（New York：Norton，1998），159.

样的奥秘。有些具有深远的意义，包括上文提过的：那些对人类也许是永恒的奥秘。但是在回到这些问题之前，有些范围狭窄些的案例还值得考虑：这些案例可能在我们的认知能力之内，原则上有可能存在相关实证性证据，虽然我们无法获得这些证据。还有些案例，有试验或许能回答我们提出的好问题，但出于伦理的考虑却无法进行。所以，借助以猫和猴子为对象的侵入式实验，我们掌握了大量关于人类视觉神经的知识，但了解语言却不能采取同样的方式。动物世界没有任何已知的与研究语言相关的同源事物，而以人为对象的类似实验是被禁止的，虽然其中有些障碍随着新技术的出现，今后也许能被排除。

认知的演变也许就是一例，特别是所谓的"语言演变"，即语言能力的演变，语言的机能。语言是变化的，但不是进化的。进化生物学家理查德·列万廷多年前就反复主张，关于这些事情我们实际上什么也不了解。他的结论是："如果有可能知道认知（无论是指什么）是如何产生、传播以及变化的，那会很有趣。可惜我们无法了解，没有那么好的运气。"① 对此我们没有相关证据。他这些结论发表于麻省理工学院出版的《认知科学的邀请》（*Invitation to Cog-nitive Science*），编辑们和我一样认为他的结论颇有说服力，尽管他的分析大多未受

---

① Richard Lewontin, "The Evolution of Cognition: Questions We Will Never Answer," in *An Invitation to Cognitive Science*, vol. 4, *Methods*, *Models*, *and Conceptual Issues*, ed. Don Scarborough and Saul Sternberg, 2nd ed. (Cambridge, Mass.: MIT Press, 1998), 108-32.

重视，也没妨碍被他视为“讲故事类”的文献持续出现，特别是在语言领域。

典型的讲故事模式甚至都不昭示表现型[①]的基本性质。对任何严肃的进化论研究而言，这都是一个先决条件。典型的故事讲述也构建关于交际的故事（一个也许更有吸引力的不同话题），因为进化论概念，即便不说其他问题，至少是有点令人心存疑窦的，但是毕竟符合传统。最近有篇技术论文点评了自从列万廷提出指责以来又有哪些新成果，并在文中再次肯定这些成果，我觉得这篇论文很有道理，而我也是作者之一。[②]

关于语言的起源，有一个事实我们相当自信，而且还有一个合理的推测。这个事实是：我们的祖先自从大约在 5 万至 8 万年前离开非洲后，还没有发现过任何进化的痕迹。更普遍意义上的认知能力似乎也没有留下任何进化的痕迹。对此我在第一章引用的塔特索尔的推测，可以提供比较合理的解释：大约在人类离开非洲前的 5 万至 10 万年之间，几乎没有理由认为人类的语言业已存在。

在说明人类语言的起源时，不能不尊重这一事实，至少应该注意到以上推测。关于我称为基本特质的来源，应该提出可信的建议。就我所知，目前还没有一条这样的建议。至于我在第一章中提到的那些看法，一般都被视为异端之说或更糟。

---

① 表现型或表型（phenotype）：指基因和环境作用结合而形成的一组生物特征。译注。

② Marc Hauser et al.，“The Mystery of Language Evolution,” *Frontiers in Psychology* 5，no.401（2014）：1－12，doi:10.3389/fpsyg.201400401.

我们还有进一步的任务。其一是对语言的多变性做出解释，对语言能力演变之后所允许的选择范围做出解释。尤其是在过去三十年里，关于语言能力演变的允许参数的变化研究已经很丰富并具有启发性。而这些参数自身也揭示了一些进化方面的问题。

另一个更具挑战的问题，是说明基本特质运算原子的起源。在这个领域也有大量研究文献，但是其价值未必可靠，因为其中也鲜有注意到人类语言中的显型以及意义的本质的。我认为，其研究破坏了一些传统观念，并在进化和习得方面提出了严肃的问题。

运算原子，我们称之为"原子概念"，是单词形态之物，但不是单词。词通过外表化的辅助过程建构而成。如果我在第一章讨论的陈述是对的，那么该辅助过程并不为思维系统提供原料。这些原子有时被称为"词汇项"，但那也不是很准确。触及概念—意图界面的各句法运算原子没有音韵属性，而"词汇项"有。从我们所熟悉的索绪尔理论角度来看，这些被视为外化的一个早期步骤，带有任意性。此外，正如现在人们所知，声音只是外化的可能形态之一。

更重要的是，用于人类语言和思维的"原子概念"似乎与动物交际系统的任何方面都大为不同。后者似乎与精神外的存在物直接相连，丝毫无需考虑符号系统自身就能识别。例如，一只长尾猴有多种叫声。其中一次是与叶子飘动有关，这是有掠食者来的警示。另一次可能与某种激素变化有关，表示"我饿了"。这种现象在动物交际中似乎很普遍，与人类语言大不一样。人类语言中，即使是最简单的元素也没有这一特点，这与传统指涉主义理论是相反的。指涉理论认为，词语与精神外的存在物有直接联系，如奎因的《词语和对象》，罗杰·布朗[①]的《词与物》这样正宗的指涉主义理论文献，仅从标题就能看出其观点，类似的文献还有很多。

现在仍回到笛卡尔对心智的反思，即动物发出的信号似乎是由内部和外部环境直接引起的，而人类以合适方式使用词语或更复杂的表达方式，则至多是由于某种**刺激或倾向**。

此外，动物符号系统的各种联想要素与人类语言大不一样。在这一方面，达尔文对人类语言独特性的概括（见本书第一章）现在不得不有所修改，因为有些情况是他当时无法预料的。劳拉·安·佩蒂托（Laura-Ann Petitto）是这一研究领域的主要专家之一，是尼姆计划（NIM Project）的主要研究员，她认为：

> 黑猩猩与人类不同，在使用这些标签时，极大程度上依赖某种全球通用的概念。黑猩猩表达吃苹果的动作、苹果储存场地、碰巧与苹果放一起的其他物品（如削苹果的小刀）的位置以及相关事件等诸如此类，全都同时用苹果来标识，没有明显的迹象表明黑猩猩能够识别这些事物之间的关系和差异，或者具有将这些物体区分开来的优势能力。即便是人类咿呀学语的

① 罗杰·布朗（Roger Brown，1925—1997），美国心理学家，主要成就在社会心理学和儿童语言习得与发展领域。编注。

> 宝宝，刚开口学说几个词时也遵循了一种概念约束方式……黑猩猩的用语，即使经过多年训练和与人类沟通，也从来没有表现出对自然中各类事物之间差异的这种敏感。然而令人惊讶的是，黑猩猩根本就没有真正意义上的“事物的名称”，它们眼里只有随意的大杂烩。[①]

人类的语言与之大相径庭，只有一点相同：它也没有事物的名称，但是出于别的原因。人类语言的原子概念不选择精神外世界的实体。对人类语言而言，显然不存在“参照”或“指示”这样的概念，尽管参照和指示的行为肯定存在，这一点在哲学文献中一直没有被忽视过：彼得·斯特劳森[②]六十年前论述指示和参照的论文就是众所周知的例子，还有二十年后尤利乌斯·莫拉夫契克[③]的情景语义学，再往后二十年则还有阿吉尔·比尔格拉米关于“典型的本土或语境性内容概念”的讨论。人们可以假定一种衍生于参照行为的、依赖环境的指示关系，因此“琼斯”这个名字，只要是以某种方式用在某些特定场景，就是指琼斯这个人（当然不是无缘无故地用这个名称），但是其中的基本概念还是参照行为。

---

① Laura-Ann Petitto, “How the Brain Begets Language,” in *The Cambridge Companion to Chomsky*, ed. James McGilvray (Cambridge: Cambridge University Press, 2005), 86.

② 彼得·斯特劳森（Peter Strawson，1919—2006），英国哲学家，语言哲学牛津学派代表人物。编注。

③ 尤利乌斯·莫拉夫契克（Julius Moravcsik，1931—2009），美国哲学家，主要研究古希腊哲学。编注。

就这一方面而言，原子概念就像语音符号元素。我们可以把这些看作对发音者（也可类比于感知仪器）的指令。发音行为在独立于心智的世界产生一个具体事件，但是要寻求与语音单位对应的某种独立于心智的实体或范畴，哪怕是只涉及一个人，都没有意义，更不用说涉及一个社区的语言使用者。声学和发音语音学旨在发现内部符号是如何融入声音的发出和阐释过程的，这个任务一点也不简单；经过六十年来高科技仪器进行的辅助深入研究，还有大量未知需要继续探讨。无疑，发掘内部系统是如何被用来表述或思考客观世界的各个方面要容易一些。但是一旦我们真正开始着手调查语言运算和认知运算的原子概念，以及这些概念用来指称的方式时，一切又很清楚了，其实并不容易。

亚里士多德已很清楚这一点。他的结论是，我们可以按照建筑材料“将房子定义为石料、砖块和木材等”，但是也可以从功能和设计方面来定义，如定义为“可庇护动产和生命物的”场所。既然“房子的本质”涉及建筑材料的“目的和用途”，那么我们应该将定义的两大部分结合起来，融物质和形式于一体。[①] 这么一来，房子就不是一个独立于心智的对象。我们若是经过进一步探讨并发现，**房子**这个概念有更复杂的属性，这一点就更清楚了。这一发现的普遍意义远远不限于此。

---

① Peter Strawson, “On Referring,” *Mind* 59, no. 235 (1950): 320 - 44; Julius Moravcsik, “*Aitia* as Generative Factor in Aristotle's Philosophy,” *Dialogue* 14 no. 4 (1975): 622 - 36; Akeel Bilgrami, *Belief and Meaning: The Unity and Locality of Mental Content* (Oxford: Blackwell, 1992).

研究表明，即使是最简单的表达方式也有相当复杂的含义。[①]

在其他领域，指称主义理论确实有重要作用，如在元数学领域。还有在以该理论为指导学说的各个科学领域中。在构想**电子**和**音位**等技术概念时，研究者们希望它们与客观世界存在的实体是对应的。但这一切都不应该与人类语言混淆。如果这些不同的系统混淆在一起，我们会产生更多困惑。所以，化学家们在非正式文本中用“水”这个词时很随意，按该词在自然语言中的意义去使用时则不然，而这种情况与指称主义理论也是相悖的。

请注意，亚里士多德是在定义房子这个实体，而不是“房子”这个词。对他来说，这是一个形而上学的问题：这个实体是物质和形式的结合物。在17世纪的认知革命中，一般观点普遍都转向寻求我们理解经验时的“天赋认知能力”。在总结关于这些话题的多年的讨论时，休谟认为，我们赋予大脑、蔬菜、动物身体和其他实体的“身份认定”，只是“基于类似物体”想象出来的“虚构身份”，并非“该实体的特有属性”。[②]

能说明指称主义理论缺陷的是**人**这个概念，自古典时代以来，尤其是17世纪以来，人们对这一概念已有深入的研究。所以，我们说“琼斯”这个名字表示名字的所有者时，所有者

---

① Aristotle, *Metaphysics*, book 8: 3; *De Anima*, book 1: 1.

② Noam Chomsky, “Notes on Denotation and Denoting,” 见 *From Grammar to Meaning: The Spontaneous Logicality of Language*, ed. Ivano Caponigro and Carlo Cecchetto (Cambridge: Cambridge University Press, 2013), 38–45, 以及该处所引用的文献。

究竟是什么呢？不会只是简单指物质层面的身体。正如洛克所言，如果说同一个人可能有两个不同的身体，那一点也不荒唐：如果同一意识“可以从一个思维实体转换到另一思维实体，那就有可能由这两个思维实体组成一个人”。还有许多其他复杂情况。因此，我们（至少）可以说，个人的身份认定寓于某种超自然范畴的“意识认定”之中。洛克补充说，“人”（或“自我”“灵魂”）更是“一个司法术语，意味着采取行动并从中获利；所以，只属有智力的实体，才懂得如何行使法律权力，懂得幸福和痛苦”。[①]

就这个话题已有丰富而深刻的研究，我前文提及的乌都·希尔有过评述，但我们在此无暇讨论。然而，人格（personhood）作为一个“法律”概念，其法律史颇为有趣，在此点评几句也许不无裨益。

美国宪法第五修正案保证“人”的权利：其关键是，不能“未经正当的法律程序就被剥夺生命、自由或财产法律”，这里似乎有《大宪章》的遗迹。但是**人**这一概念受到严格的制约。很明显没有包括美洲土著或奴隶，也没包括妇女。根据英国普通法，妇女基本是一种财产：首先是父辈的财产，而后转为丈夫的。英国殖民地也沿用了这一法律。几年后，人们普遍认可了康德的观点：妇女因其生存需要依赖“他人的布施”，所以她们是没有“公民资格”的，就像学徒和仆人也没有“公民资格”一样。

---

① Cited in Ben Lazare Mijuskovic, *The Achilles of Rationalist Arguments* (The Hague: Nijhoff, 1974).

第十四修正案将人格延伸到了获得自由的奴隶，至少在原则上是如此。在现实中，第十四修正案颁布几年后，南北协约允许蓄奴州以将黑人定罪的方式来实际上重建一种新式奴隶制，由此为工业革命提供了大量廉价且被驯服的劳动力。这一做法一直延续到催生出自由人劳动力的市场。实际上，从上一辈人的罗纳德·里根政府开始，丑陋的历史就借残酷的“毒品战争”之名重演了。

至于妇女，直到1975年最高法院才视妇女为“同事”，使其服务于联邦陪审团的权利得到保障——由此才发展到享有完全的人格。最近的法院裁决扩展了公司早已享有的人格权利，同时明确了国外非法移民不享受这些权利。[①] 可以说，如果在非法移民享受人格权利之前，黑猩猩就被授予了这些权利，也没什么奇怪的。

扼要言之，从法律术语角度来理解“人”时，我们会涉及太多复杂和棘手的问题。

再回到语言和原子概念的话题。最新研究成果，尤其是丽拉·格莱特曼（Lila Gleitman）及其同事们的研究显示，即使是最基本的语言表达方式，也是基于非常有限的依据获得的；即使存在很多的感官局限，也能在幼年阶段迅速获得。很难想象如何避免得出这样的结论：这些错综复杂的结构凭借的是“天赋认知力”。对此，17世纪的“第一次认知革命”以有趣的方式曾作过探讨。一旦操作超越了用于指涉的简单元素，复

---

① John Locke, *An Essay Concerning Human Understanding* (1689), book 2, chap. 27.

杂性就迅速增强，由此进一步证明：心智的先天属性在获得和使用这些要素的过程中发挥着重要的作用。这些看法几乎不可能与人们所熟悉的基于明示、指导和习惯形成等观点的语言习得理论调和，也不可能与达格芬·费勒斯达尔（Dagfinn Føllesdal）在深入研究奎因的意义理论后提出的“MMM论点”达成一致：**“一个语言表达方式的意义是协助语言学习者和使用者确定该意义的所有迹象的共同产物。”**[①] 在对此表示赞赏的评论中，奎因表示支持费勒斯达尔的诠释，但也对其作了重要的调整。他指出：“关键的问题是，语言意义是可观察行为在可观察环境中的一种功能。”然而，这种功能遗留了一个很薄弱的命题；这个命题也许会是真的，只要至少某些刺激是必要的，就像成熟的视觉系统是视觉输入的一个功用——无论先天的资质多么卓越，接收的信息多么匮乏。

如果上述这类结论确如其表面显示的一样，能概括普遍现象，那么可以推论，就符号与独立于心智的实体之间的关系而言，自然语言中不存在指称语义，只存在句法学（内部符号操

---

① 关于女性，见 Linda K. Kerber，“Why Diamonds Really Are a Girl’s Best Friend：Anotller American Narrative，” *Dredalus* 141，no. 1（2012）：89－100；and *Taylor* v. *Louisiana*，419 U. S. 522（1975）。关于非裔美国人，见 Douglas Blackmon，*Slavery by Another Name：The Re-Enslavement of Black Americans from the Civil War to World War II*（New York：Doubleday，2008）；and Michelle L. Alexander，*The New Jim Crow：Mass Incarceration in the Age of Colorblindness*，rev. ed.（New York：New Press，2012）。关于外国人，见 *Rasul v. Myers*，Court of Appeals，District of Columbia Circuit，January 2008，April 2009。关于公司，参见 Noam Chomsky，*Hopes and Prospects*（Chicago：Haymarket，2010），30－31；and David Ellerman，“Workplace Democracy and Human Development：The Example of the Postsocialist Transition Debate，” *Journal of Speculative Philosophy* 24，no. 4（2010）：333－53。

控）和语用学（语言的使用与语言模式）。根据这一分类，形式语义学，包括模型理论语义学都属于句法范畴。如音系学，形式语义学也由外部世界的考虑驱动，但从表面看，它只是在行为理论语境下与世界有关。

这种性质的考虑对任何潜在的语言起源理论都提出了非常严肃的问题。如上所述，这似乎可以说明，动物交际系统是基于一种心智/大脑过程的一对一关系，以及“这些过程要求动物行为适应的环境某一方面”①。若真如此，人类语言与动物交际在语言起源研究领域的差异，就如同语言研究中语言结构、语言习得和语言使用等领域之间的差异一样了。那么，我们对语言起源的探讨将不得不另辟途径。

现在我们简要谈谈说话者的指称对象。不能不问的是：指称需要什么资质。奎因很关注这一个话题。据他的观察，在某些情况下，一个名词短语未必就“毋庸置疑地——至少在表面上——具有名物性候选资格”。丹尼尔·丹尼特②最近在讨论奎因提出的问题时也是如此表述。我们说“for Pete’s sake”（因为皮特的缘故）或“for the sake of”（因为……的缘故），但并不指望就 sakes 或 Pete 回答与事物相关的问题，例如不会回答，“how many sakes are there?”（有多少缘故？）或“how tall is Pete?”（Pete 有多高？）这类问题。同样，丹

① Dagfinn Føllesdal, “Indeterminacy and Mental States,” in *Perspectives on Quine*, ed. Robert Barrett and Roger Gibson (Cambridge: Blackwell, 1990), 98-109.

② 丹尼尔·丹尼特（Daniel Dennett，1942— ），美国哲学家兼认知科学家，主要研究科学哲学及生物哲学。编注。

尼特还发现，“巴黎和伦敦显然存在，但是它们之间隔着的**公里数**是不是也存在呢?”丹尼特写道，奎因的答案是，这种名词短语是“**有缺陷的**，其推定指称不需要从本体论的角度来认真对待”[①]。

“物性”（thinghood）的缺损往往有直接的语言证据。以名词“flaw”（瑕疵）和“fly”（飞翔）为例。在某些结构中它们有相似的功能：there is a fly in the bottle（瓶子里有一只苍蝇）/a flaw in the argument（论点中的瑕疵）；there is believed to be a fly in the bottle（相信瓶子里有只苍蝇）/ a flaw in the argument（论点中有瑕疵）。而它们在有些例证里的功能有所不同：there is a fly believed to be in the bottle（相信瓶子里有只苍蝇）/ * a flaw believed to be in the argument（相信论点中有一个瑕疵）；a fly is in the bottle（一只苍蝇在瓶子里）/ * a flaw is in the argument（一个瑕疵在论点中）（* 表示偏离）。有些结构有其他结构所不具备的某种存在含义，即便它们都带有明确的表存在的表达方式，这是同一释义框架内产生的不同效果的问题，之后另外再讨论。[②]

“物性的候选者”相互之间似乎确实存在区别，但是问题很快就来了。我们假定，至少“东西”（thing）这个词作为物性的候选词应该是毋庸置疑的。但是作为物，需要具备的身份

---

① Charles R. Gallistel, “Representations in Animal Cognition: An Introduction,” *Cognition* 37, nos. 1-2 (1990): 1-22.

② Daniel C. Dennett, “Sakes and Dints,” *Times Literary Supplement*, March 2, 2012.

条件是什么，又有多少呢？譬如我们看到地面上散落着一些树枝。如果它们是在暴风雨后从树上掉下来的，它们就不是物。如果它们是一个艺术家当作一件概念艺术品精心摆设在那里的，也许还给它起了一个名字，那么这一构造就是一个物（可能还会获奖）。略加思考就能知道，世界的某个部分是否构成一个物是由诸多复杂因素决定的，其中包括人的意愿和设计——亚里士多德式的**形式**——这些并不是通过研究独立于心智的世界可以发现的特质。如果说独立于心智—环境的“物”不具备“物性”资格，那么什么才具备这一资格呢？

丹尼特提出的巴黎和伦敦这两个例证是否具备呢？我们谈到这两个城市时可以是这样的口气：我到访伦敦一年之后，伦敦被大火毁坏，然后在泰晤士河上游五十英里处用完全不同的材料重新设计新建，那里我打算明年再次访问。精神之外的客观世界显然并不存在一个具备这种特性的实体，如果存在，物理学家原则上是可以发现的。然而，我们可以用“伦敦”这样的词语来指称伦敦，或用一个与之有关的代词，还可以用复杂一点的短语，如“我最喜欢的城市”。在我的I-语言里，有一个内在的实体**伦敦**——不一定与你的那个伦敦完全吻合——其构成元素提供指称世界时所需要的各个视角，一如内在语音存在物［ta］的特点为我提供了发音和诠释世界某些事件的手段一样。在这些术语中，许多经典悖论难以成立或无法建构，从普鲁塔克的忒修斯之船，到克里普克的信念之谜等悖论都包括在内，它们的表述都基于指称主义的假设。

正如诺伯特·霍恩施泰因[①]建议的那样，我们也可以重新构建观察，以悖论中有问题的特征作为新论点，用来反对导致这些问题特征的指称主义假设。

关于这些话题的早期调查主要涉及个性化：是什么使个体有别于他人？随着17世纪光的微粒说的出现，调查的重心从个性化转到先前的身份问题：是什么使个体在经历时光荏苒之后，发生了一些变化，但仍是同一个人？对于微粒论者来说，一个个体就是它自身——“……独特的一部分由众多（微粒子）构成的物质”（罗伯特·波义耳[②]）。通过时间进行身份认定研究引发了对这个问题的新的认知。正如乌都·希尔所言，“实质上的形式被否认，在事物自身也找不到身份认同的‘原则’，所以为人所认可的是，它们的身份必须取决于我们视为核心的构成要素上”——“我们视为”，也就是说按我们的判断标准，按我们定义的事物概念。这种“主观主义革命”尤为洛克所推崇，他心目中的存在是按我们看待世界的抽象理念，以“相同名称”加以保留的。

休谟将我们通过时间确立身份的倾向解释为一种“天性”，一种本能，本能地按我们的认知模式来建构经验——其方式似乎与动物世界截然不同。休谟写道，在证据表现出多样性时，确立身份的“天性”“极强烈”，想象力遂创造各种概念，将一

① 诺伯特·霍恩施泰因（Norbert Hornstein，1950— ），美国马里兰大学语言学教授，主要研究句法学。编注。

② 罗伯特·波义耳（Robert Boyle，1627—1691），爱尔兰自然哲学家，在物理和化学领域都有重要贡献。编注。

系列相关事物组合起来，引导我们“想象未知和神秘的事物，连接各个部分”。因此，身份的确立是一种想象的构建，进入构建这些虚构物过程的要素便成为认知科学的话题。不过，休谟很可能是反对这种看法的，因为他认为，想象力“是一种以人类理解之极限也无法解释的……神奇的机能”[①]。的确，这是人类的又一个未解之谜。

借助这些概念，即使摆脱了神学的条件限制，例如不谈耶稣复活，并且摆脱了早期形而上学的框架，应该也有可能重新诠释人类探讨灵魂本质留下的丰富而充满启发的思想录。

在我看来，这些都是值得我们比以往更加关注的问题。尤其是它们就语言的习得和起源研究提出了非常重要的问题，而且就语言起源的研究而言，基于理查德·列万廷所言的理由，这也许是无法解决的问题。

现代早期就知识起源所做的这些反思，引出了一种更接近本色的神秘主义形式，对此我曾举例简单说明。对洛克和休谟来说，从认识论的角度来看，我们的理解范围是非常狭窄的。贾尼亚克认为，在牛顿眼里，这种全局性的怀疑论是“不切题的——他认为我们掌握自然知识的可能性是理所当然的”。因此，“我们面临的主要认识问题是物理学理论自身导致的”。这里就要排除洛克和休谟的怀疑论立场。然而，他们是很严肃地看待基于新科学的神秘主义的。这一神秘主义的基础便是牛顿对机械论哲学的摒弃，而机械论哲学的基本概念在于视世界为

① Noam Chomsky, “Derivation by Phase,” in *Ken Hale: A Life in Language*, ed. Michael J. Kenstowicz (Cambridge, Mass.: MIT Press, 2001), 1–52.

一台精密机器。正是这一概念为17世纪科学革命的可理解性问题提供了标准。伽利略坚持认为，理论是否可理解，必须有一个非常严格的限制条件，即“（理论的假设）必须是通过合适的人工手段能复制的”。笛卡尔、莱布尼茨、惠更斯[①]、牛顿，还有其他科学革命中的伟人们，均认可这一观念。

因此，一旦排除了牛顿在神学层面的假设，他的发现就使得世界变得难以理解了。如前所述，解决的办法是降低科学的目标，放弃追求世界的可理解性，退而求其次：不求理论作出的假设是否可以理解，只求理论对我们而言是可以理解的。所以，伯特兰·罗素将世界是可理解的这一想法纳入荒唐之列，不再视之为科学探索的合理目标，就是很自然的事了。

可以假设我们很可能有能力探索人类的认知局限与试图明确问题与奥秘（对人类而言）之间的分野，这二者并不矛盾。[②] 实验研究有可能确定皮尔士所讨论的“可接受假设有哪些局限”，其中既包括进入常识性理解的假设，也包括那些构成可称为我们“科学形成能力”的假设，皮尔士对后者尤感兴趣，这些假设很可能有不同的性质（认知心理学对此仍存争议）。[③] 探讨的途径之一是认真对待早期科学革命以及启蒙运动时期的伟人们所关心的问题：他们认为“不可思议的”问题

---

① 克里斯蒂安·惠更斯（Christian Huygens，1629—1695），荷兰物理学家兼数学家，也是土卫六（土星卫星中最大的一颗）的发现者。编注。

② Thiel，*Early Modern Subject*.

③ 科林·麦金在几本专著和论文中进行过的探讨，其中包括 *Basic Structures of Reality*：*Essays in Meta-Physics*（New York：Oxford University Press，2011）。

有哪些，尤其是他们是出于什么原因将其视为“不可思议的”。“机械论哲学”自称非常近似于对世界的常识性理解。尽管人们的评论复杂多样，若如笛卡尔所推测的，我们确实“没有足够的智力”理解心智的工作机制，我们也很难逃脱笛卡尔以下信念的影响：自由意志是我们拥有的“最高尚事物”，“世间万物，我们理解最明确最完美者，莫过于自由意志”；如果某事物是“我们深刻理解且亲身体验的”，但只因其“在本质上一定是我们不可理解的”，于是就对其产生怀疑，那会是“很荒谬的”。[①] 确定性和随机性这类概念能为我们的智力所把握，但是如果这些术语不能涵盖“未确定的”“人的自由行为”，那就有可能成为认知局限的问题，但不排除对这种自由行为是有可理解的理论依据的，这与今天的科学理解很接近。

神秘论者人数众多，都是名人。他们的立场似乎与早期科学革命和启蒙运动为人类提供的论题相对立，后者提出的论题充满活力，展现了现代科学在迅猛发展中特有的无比强大的阐释能力。持这样看法的一位名人是大卫·希尔伯特。在纳粹灾难毁掉哥廷根的希尔伯特学派之前不久，希尔伯特 1930 年在最后一次演讲中，回忆了伟大的数学家卡尔·古斯塔夫·雅可比（Carl Gustav Jacob Jacobi）在言语中流露的“了不起的思维方式和世界观”。雅可比批评了约瑟夫·傅里叶将数学的目的定位在诠释自然现象这一论点。希尔伯特则认为，“全部科学的唯一目标就是追求人类精神的尊严”，所以“一个单纯数

---

① Susan Carey，*The Origin of Concepts*（Oxford：Oxford University Press，2011）.

字理论上的问题与一个实践应用中的问题具有完全同等的价值”。希尔伯特继续说，只要掌握了这种思维方式，任何人都会认识到，无论是在数学领域还是自然科学领域，都“没有**无知者**（ignorabimus）”。“绝对没有不可解决的问题，取代愚昧的无知者的是，我们的答案正相反：我们必须知道，我们应该知道。”——这是镌刻在希尔伯特墓碑上的话。[①]

希尔伯特的见解并没被数学界看好，这一点库尔特·哥德尔很快就令数学界为之一惊地证实了。希尔伯特这一见解固然高超，对自然科学却影响甚微。

最近，物理学家大卫·多伊奇（David Deutsch）写道，启蒙运动和早期现代科学的伟大成就蕴含了“不可估量的”发展潜力：引导着科学探索按照波普尔派的方法，为问题寻求圆满的解答。大卫·希尔伯特阐述自己的研究论点时说：“采纳了那种设想和评估新假设的做法以后，我们有一种无所不能的感觉。一个群体一旦掌握了生存、学习，以及根据自己意愿重塑世界的方法，那么，（从长远的观点来看）他们的能力简直是数学上的无穷了。”[②]

不断寻求更好的解答，确实可能是个无穷的过程，但无穷当然不等于无限。英语是无穷的，但不包括希腊语；整数是个无穷集，但不包括实数。我看不出有什么论点既能研究一系列

---

① 各类文献见第四章。

② David Hilbert，“Logic and the Knowledge of Nature”（1930），in *From Kant to Hilbert*：*A Source Book in the Foundations of Mathematics*，ed. William B. Ewald（New York：Oxford University Press，2005），2：1157－65. 这一参考文献要感谢 Richard Larson。

的神秘难题，又能得出结论来。

基本的假定至少可以追溯到皮尔士，他确实提出了一个论点，这与阿尔伯特对掌握生存方法的看法相关。皮尔士提出，构建了可接受假设并允许我们从中选择的溯因推理本能，是通过自然选择发展而来的：变数产生关于世界的真实，变数也提供选择的优势，并在还原过程中经过修正得以保留，其他的则被淘汰。然而，这种看法完全难以为继。相反，进化论将人类牢牢置身于自然世界，把人类看作与其他物种一样的生物有机体，因此其能力也有范围和局限，包括认知领域也是如此。因此，大凡接受现代生物学的人，应该也是神秘主义者。[①]

既然无法依赖自然选择，我们就别无选择，只能直面严肃的、富有挑战的科学探讨：要确定我们的认知本质在语言、知觉、概念形成、理论建构、艺术创造以及所有生活领域中，有哪些内在构成。在此基础上进一步的任务是确定人类理解的能力范围和局限，同时也承认，在拥有不同智力结构的物种看来，人类的奥秘或许只是很简单的问题，他们对我们无法破解这些奥秘感到奇怪，正如我们发现老鼠因其天生认知结构的局限而没有能力跑出素数迷宫一样。

人类有着大量未解之谜，我们不必为此悲哀，反而应该深感庆幸。如果溯因推理不受限制，我们的认知能力也会漫无边际，就像有机体的发展如果没有遗传禀赋的限制，它很可能只

---

① David Deutsch, *The Beginning of Infinity*: *Explanations That Transform the World* (New York: Viking, 2011); David Albert, "Explaining it All: How We Became the Center of the Universe," *New York Times*, August 12, 2011.

会成为一种无固定形态的变形虫类生物，一种未分解环境意外产生的结果。阻止了人类胚胎成为昆虫的条件，对人类之所以能成为人类起了关键的作用，对人类的认知领域也同样如此。古典美学理论意识到了范围与局限之间同样的关系。没有规则就没有真正的创造活动，哪怕创造活动挑战和修改通行的规则。

我认为应当坦诚地承认，我们未必比16世纪的西班牙医生和哲学家胡安·华特（Juan Huarte）更了解创造性。他当时就区分了人类和动物共有的智力与人类独有的高级智力，并提出二者的差异见于语言的创造性；还进而区分出了人类更高级的智力，后者见于纯艺术和科学上的创新。① 同样，我们甚至都不清楚这些问题是否属于人类的理解范围，抑或属于休谟眼中的大自然的终极奥秘，它与其他奥秘一样，“一直都很神秘，将来也会永远保持神秘的面目”②。

---

① Juan Huarte de San Juan, *Examen de ingenios para las ciencias* (The examination of men's wits; 1575—1594). See Noam Chomsky, *Cartesian Linguistics: A Chapter in the History of Rationalist Thought*, 3rd ed., with introduction, James McGilvray (Cambridge: Cambridge University Press, 2009); and Javier Virués Ortega, "Juan Huarte de San Juan in Cartesian and Modern Psycholinguistics: An Encounter with Noam Chomsky," *Psicothema* 17, no. 3 (2005): 436-40, http://www.psicothema.com/pdf/3125.pdf.

② Chomsky, *Language and Mind*.

第三章　人类的共同福祉是什么？

在前两章，我们探讨了语言和思维这两个密切相关的话题。经过深入的探询，我们发现，两者都具有很多令人吃惊的特质，其中大部分的特性都隐藏在表象之下，而且无法为人的意识所把握，比如“思维语言”深层运算系统的基本结构和设计。思维语言源自我们人人掌握的内在语言，I-语言。I-语言是丰富的，但同时也为人类的天性所限定。此外，运算原子、语言和思维的原子概念，从根本来讲，似乎是人类所独有的，这也为追溯其根源带来了困难。如果不穷尽所有显型的特质，就无法卓有成效地探究这些难题。我认为，我们的讨论还显示出，对人类思维的理解受制于“可容许的假设的局限性”。它具有深度和广度，也留下了诸多早期现代科学先驱们渴望理解却无法理解的奥秘。对此，17、18 世纪的伟大思想家们均以不同方式承认过，但这些假设也提供了契机，使我们可以研究尚未探讨却颇为有趣的一些问题。

到目前为止我们一直讨论的是人性的某些认知方面，把人当作个体来考量。但是人无疑是社会的存在，我们能成为现在这样的造物，这在根本上有赖于我们的社会、文化和体制的生活环境。这就要求我们去探究一些社会措施，它们是为了人民的权利和福利，为了实现他们的正当愿望——简言之，是为了共同福祉。

此外，我在很大程度上一直没有偏离我心目中认定的公理，这些公理显得有些奇特，因为一般人对它们是排斥的。在此我打算再引入一些似乎同样奇特的公理。在接下来将要涉及的范围更广的问题中，这些认定的公理涉及道德原则中一个有趣的类型，即这些公理不仅是普遍性的，因为它们几乎无人不知；它们也具有双重普遍性，因为人们既熟悉它们，同时又几乎普遍性地拒绝践行它们。它们涉及的范围很广泛，既有非常普通的原则，如这条公理：对人不要太刻薄，己所不欲，勿施于人；也有非常具体的信条，如致力于促进正义和人权。这是几乎所有人普遍宣称自己遵循的一条，甚至最邪恶之徒也不例外，而实际情况却糟糕得超出想象。

我们就从穆勒的经典著作《论自由》开始吧。该书扉页上的题记是："本书所展开的每一个论证，都直接指向一个总体的首要原则：人类最为丰富的多样性发展，有着绝对且根本的重要性。"此话引自威廉·冯·洪堡，他除了是古典自由主义创始人之一，还有许多其他的成就。由这段话可知，制约人类多样性发展的体制，如果无法提供足够的依据，那就是不合理的。

洪堡在此表达的观点对启蒙运动时期的人而言并不陌生。

另一个例证是亚当·斯密对劳动分工的严厉批评，尤其是他的论据可以作为例证。[1] 他的原话是："大部分人的理解力是由他们的职业形成的。"因此，

> 那种一生从事单一劳作的人，其劳作效果或许也很简单，或几乎都很简单，那么他就没有机会使用理解力……而且通常会变得愚昧无知到极致……但是，在每一个进步的文明社会，如果政府不花大力气阻止，贫穷的劳动者们，即社会中占多数的群体，必然会陷入这种状况。

对共同利益的关心应该促使我们寻求办法消除这些灾难性政策的恶劣影响，在从教育制度到工作条件等各个方面，来提供增进理解力的机会，以最丰富的多样性促进人类的发展。

与亚当·斯密对劳动分工的严厉批评相比，人们更熟知他对于劳动分工的巨大利益的溢美之词。事实上，在芝加哥大学出版社纪念斯密诞辰200周年的学术论丛中，他对劳动分工的批评甚至没有被提及。但它为构成古典自由主义基本原则的启蒙理想提供了富有启发意义的阐述。

斯密也许觉得，制定这样人性化的政策应该不是太难。他在《道德情操论》一书的开篇指出："人无论有多自私，他的

---

① Adam Smith, *An Inquiry into the Nature and Causes of the Wealth of Nations*, ed. Edwin Cannan (1776; Chicago: University of Chicago Press, 1976), book 5, chap. 1, part 3, art. 2 (ii, 302－3).

天性中显然是有原则的，使他也关心他人的命运，仍觉得他人的幸福于他是必要的。虽然他并不能从中获益，看到他人幸福也是一种乐趣。”尽管“人不为己天诛地灭”这一“人类大师们邪恶的格言”有很大的影响力，“人之初性本善”也许能弥补这种病态。①

古典自由主义在资本主义的浅滩上触礁，但其人文承诺和愿望并没有消亡。现代社会有人重申了类似的思想，例如一位重要的政治思想家描述了他所说的“人类历史发展中一个明确的趋向”，那就是力求“在生活中充分自由地发挥所有个人和社会的力量”。② 他就是20世纪重要的无政府主义思想家和活动家鲁道夫·洛克尔。他在此勾勒的是一种无政府主义传统，他的无政府工团主义观点——用欧洲的术语来说就是“自由社会主义”的一种变体——是这一传统的极致表现。他认为，这些思想并没有刻画“一个固定的、自我封闭的社会体系”，为人类生活中形形色色的困惑和难题提供一个明确的答案，只能说是在人类发展过程中追求启蒙理想的一股潮流。

政治话语的术语很难精确。考虑到它们使用的方式，我们几乎不可能为“什么是社会主义”，或资本主义、自由市场或其他问题在普遍意义上提供精确的答案。至于“无政府主义”

---

① Adam Smith, *The Theory of Moral Sentiments* (1759; New York: Penguin, 2009); “vile maxim”: Smith, *Wealth of Nations*, book 3, chap. 4 (i, 437).

② Rudolf Rocker, *Anarcho-Syndicalism*: *Theory and Practice* (London: Secker and Warburg, 1938).

这一术语更是如此。该词的用途极广，完全被滥用了，滥用者既有其尖刻的敌人，也有高举其思想旗帜的拥趸。正因为用得太泛，没有谁能用任何简单直接的办法来概括它。但是我认为洛克尔表述的思想，至少激活了无政府主义思想和行动中丰富复杂且往往相互矛盾的传统的某些主流。

如此说来，无政府主义便是启蒙运动中涌现出的古典自由主义思想的继承者，属于更广义范围内自由社会主义思想和行动的一部分，从安东·潘涅库克①、卡尔·科尔施②和保罗·马蒂克③以及其他人的左翼反布尔什维克马克思主义到无政府工团主义都包括在内，后者尤其包括了西班牙1936年革命的实践成果，今天遍及美国拉斯特地区、墨西哥北部，埃及、还有许多其他国家，以及多见于西班牙巴斯克地区的工人所有制企业就是其成果。此外，世界各地的许多合作运动，大部分女权、公民权以及人权等运动也都是其结果。

这种宏阔的人类发展趋势旨在寻求确立制约人类发展的等级、权威以及统治的结构，然后向其提出非常合理的挑战：请证明你自己。证明你是正当的，无论是在某一特定社会阶段的某些特殊环境下，还是在原则上是正当的。如果它们不能回应这个挑战，那就应该被废除，而且不仅仅是被废除，还要重

---

① 安东·潘涅库克（Anton Pannekoek，1873—1960），荷兰天文学家兼马克思主义理论家、革命家。编注。

② 卡尔·科尔施（Karl Korsch，1886—1961），德国马克思主义理论家，被认为是20世纪20年代西方马克思主义奠基人之一。编注。

③ 保罗·马蒂克（Paul Mattick，1904—1981），英国马克思主义理论家。编注。

建。对无政府主义者来说，正如内森·施耐德[①]在其最近对无政府主义的评论中所说的，要“自下而上地更新”[②]。

这听起来有一点像是自明之理：为什么要维护不正当的社会架构和体制呢？这种认知当然是正确的，这条原则应该被视为公理。但是，公理至少必须是真实的，这是它与大量的政治话语的不同之处。我认为这些公理为寻求共同利益提供了有用的跳板。

这些公理属于我上文提及的那类有趣的道德原则范畴，即具有双重普遍性的公理。其中包括：应该挑战压迫性的体制，拒绝那些不能证明其正当性的体制，取消它们并自下而上地重建它们。很难看出有什么理由在原则上拒斥这一公理。但是，堂而皇之地阐释一条原则容易，将其付诸实践却没那么容易。

因此我再次引用洛克尔的话，无政府主义“寻求将劳动力从经济剥削中解放出来”，并将社会从“教会或政治监护”中解脱出来，从而开辟通往“为了社区利益而劳动合作和计划管理的自由联盟”之路。作为无政府主义活动家，根据巴枯宁的思想，洛克尔接着呼吁民间组织在现代社会里不仅创造“思想，还要让未来成为现实”。

无政府主义有一个传统的口号：**“没有上帝，没有主子。”**

---

① 内森·施耐德（Nathan Schneider，1984— ），美国作家、新闻记者，报道了美国的社会运动。编注。

② Nathan Schneider,“Introduction: Anarcho-Curious? Or, Anarchist America,” in *On Anarchism*, by Noam Chomsky (New York: New Press, 2013), xi.

丹尼尔·盖林[1]那部珍贵的无政府主义经典文集就是以此为标题。我觉得按洛克尔反对教会**监护**的说法来理解“没有上帝”这一口号是合理的。个人的信仰是另外一回事。这就为基督教无政府主义充满活力的强大传统提供了发展机遇——例如多萝西·戴[2]的天主教工人运动。这也解释了为什么半个世纪前第二次梵蒂冈大公会议发起的解放神学能取得许多成就，并引发美国一场反对教会的激烈战争，以摧毁企图恢复福音派激进和平主义的异教。美洲派（其后改了名）认为，这场战争是成功的，训练了拉美杀手和施酷刑者，还以胜利的口吻吹嘘说，美军帮助击败了解放神学。[3] 确实如此，可怕的镇压不啻一场灾难，平添了宗教烈士，损毁了拉丁美洲。

由于错误的机构的谬见，以上所述大部分在正史里是找不到的。如果这些罪愆可以归咎于一个官方的敌人，我们就能详尽地了解细节，这又为那些有趣的双重普遍性道德原则提供了一个例证。

当然，纯学院派非常清楚，从 1960 年到“1990 年苏联解体的这些年，拉丁美洲的政治犯、酷刑受害者和被处决的非暴力不同政见者远远多于苏联及其东欧卫星国。换言之，从

---

① 丹尼尔·盖林（Daniel Guerin，1904—1988），法国作家。编注。

② 多萝西·戴（Dorothy Day，1897—1980），美国记者、社会活动家，天主教工人运动领导者之一。编注。

③ United States Army，School of the Americas，May 1999，cited in Adam Isacson and Joy Olson，*Just the Facts：A Civilian's Guide to U.S. Defense and Security Assistance to Latin America and the Caribbean*（Washington，D.C.：Latin America Working Group，1999）.

1960 年到 1990 年之间，就整体而言，在迫害人的恶劣程度上，许多拉美国家要远甚于苏联阵营……一次空前的人类灾难”。这还只是发生在中美洲的，尤其是里根时代。[1]

在被处决的人中有许多宗教烈士，这里还有大屠杀，所有这些都一直得到华盛顿的支持或由其发起。通过标准的宣传话语我们可以发现，这次疯狂的镇压与冷战无甚关系，而是对臣民们竟敢抬头反抗作出的反应。臣民之所以敢于反抗，一部分原因就是教会回归到福音书的“穷人的优先选择权”。

这使人立即想到陀思妥耶夫斯基关于宗教大法官的寓言。

“没有主子”这句话有所不同：它不是指个人信仰，而是指一种社会关系，一种从属与支配之间的关系。无政府主义要将它废除，并自下而上地重建这种关系，除非它真的能够证明自己的正当性。

至此，我们走出公理，一直在讨论充满争议的问题。尤需注意的是，美国式自由主义与自由主义传统大相径庭，前者认同并极力主张，劳动者必须服从经济上的主人，每个人都必须服从市场的约束，适应市场的兴衰。这些都是值得探讨的话题，但在此我先将其悬置，同时指出，也许有办法将自由主义左派和右派的力量组合起来——以前有过这种先例，例如经济学家戴维·埃勒曼（David Ellerman）在其极富价值的理论和

---

① John H. Coatsworth, “The Cold War in Central America, 1975—1991,” in *The Cambridge History of the Cold War*, vol. 3, *Endings*, ed. Melvyn P. Leffler and Odd Arne Westad (Cambridge: Cambridge University Press, 2010), 221.

实践中就曾如此做过。[①]

众所周知，无政府主义是反对国家的，提倡“根据社区利益有计划地管理事务”（洛克尔语）。除此之外，还主张自治社区和工场广泛的联盟。在今天的现实世界中，致力于这些目标的无政府主义者往往支持国家运用权力来保护人民、社会和地球环境，使他们免受集中化私有大资本的劫掠。以《自由》这本享有盛誉的无政府主义期刊为例，该刊系克鲁泡特金的追随者于 1886 年创立的无政府社会主义杂志。翻开杂志，我们发现许多人都致力于保护这些权利，采取的手段往往是借助国家权力，如制定安全、健康以及环境保护等方面的法规。

这里并没有自相矛盾之处。人们在现实生活中忍受苦难，任何一个正直的人都应该支持采取力所能及的手段来保护人民，为他们谋取利益，即便长期的目标是最终废除这些手段或机构，构建更好的以取而代之。在讨论这个问题时，我曾经借用巴西农村工人运动[②]中的一个比喻。他们谈到加宽笼子，现存强制性机构的笼子可以通过大众斗争来扩大，多年来这种办法都很有成效。我们可以将这个比喻加以引申，视强制性的国家制度为起保护作用的笼子，笼子外面是满地乱跑的猛兽，那是国家支持的掠夺性资本主义机构，他们奉行主子的卑鄙信

---

① David Ellerman, *Property and Contract in Economics: The Case for Economic Democracy* (Cambridge: Blackwell, 1992).

② Biorn Maybury-Lewis, *The Politics of the Possible: The Brazilian Rural Workers' Trade Union Movement*, 1964–1985 (Philadelphia: Temple University Press, 1994).

条，信奉私利、权力、欺凌。对他们而言，社会及其成员的利益充其量只是附带的，在口头上或许予以尊重，实践中却在原则上甚至法律上予以藐视。

还应当记住，无政府主义者谴责的国家是现存的国家，而不是尚未实现的民主理想中的国家，例如民有、民治和民享的国家。他们强烈反对巴枯宁所命名的“红色官僚”的统治，非常准确地预言这个统治将是人类最野蛮的创造之一。他们还反对作为阶级统治工具的议会制度，例如当代美国的议会制。政治学中一些最具权威的研究将不同的态度与政策作了对比，后者显而易见，前者可以通过结果相当一致的认真投票被了解。目前最详细的调查显示，大部分人口事实上被剥夺了公共权利。① 在财富/收入水平低端人群中，大约70%的人对政策没有影响。随着财富/收入的提高，他们对政策的影响力逐渐增加。在最顶端处就是基本上可以决定政策的人了，其决策的手段是显而易见的。如此产生的制度不是民主，而是富豪做主。

人们意识到了这一事实，但早已习以为常，仿佛这一事实根本并不存在，这实在令人感慨颇多。我们不妨看看医疗保险问题。这是美国人民多年来高度关注的问题之一，而且确实是有原因的。美国的医疗保险体系是一大丑闻，它的人均成本大约是经合组织成员国医疗保险体系的两倍，而且成效相对更

① Martin Gilens, *Affuence and Influence: Economic Inequality and Political Power in America* (Princeton, N. J.: Princeton University Press, 2012); Larry M. Bartels, *Unequal Democracy: The Political Economy of the New Gilded Age* (Princeton, N. J.: Princeton University Press, 2010).

差，给经济带来了沉重的负担。美国的医疗保险体系也是唯一高度私有化、不受行政管辖的体系。

人们注意到这些事实的方式颇具启发意义。《纽约时报》有篇文章在评论医疗保险体系的失败时指出，美国“在寻求降低医疗服务价格的问题上存在根本性的障碍：所有其他发达国家都在很大程度上通过政府直接干预、谈判或制定利率来为全体公民降低医疗费用，在美国，这种做法在政治上却是不能接受的”。一位专家认为，平价医疗法案问题之所以复杂，其根源就在于“美国需要在政治上依靠私人市场来提供医疗保健服务”。其后果之一就是“卡夫卡式”账单[①]，因为“即使医疗保健制度，也不被允许为了千百万公民的利益来通过谈判降低药品价格”。

在此之前已经提及“政治上的不可能”问题。因此在2004年的总统竞选中，《纽约时报》报道说，候选人约翰·克里“极力说明，他的扩大医疗保险范围的计划不会导致政府制定新的计划”，因为“美国政府干预医疗市场太缺乏政治上的支持”[②]。

为什么在美国通过政府干预，甚至谈判来制定药价“都是政治上不可接受的”呢？为什么“太缺乏政治支持”？正如多年来的民意调查明确显示，原因不在于舆论不支持，恰恰相

---

① “卡夫卡式”账单，指因官僚体制或文牍主义产生的缺乏实际效用的形式。译注。

② Elizabeth Rosenthal, “Health Care’s Road to Ruin,” *New York Times*, December 21, 2013; Gardiner Harris, “In American Health Care, Drug Shortages Are Chronic,” *New York Times*, October 31, 2004.

反，85%的公众赞成“允许联邦政府与药品公司谈判，降低老年人的药品价格”。当年被奥巴马总统放弃的一项公共选择，大约有60%的支持率。过去几年中，美国公众对国家医疗保健计划的支持率一直极高，发达国家，甚至一些贫穷的发展中国家对这类计划并不陌生。例如在里根政府后期，超过70%的公众“认为医疗保险应该是一种宪法保障”，40%的人则“认为医疗保险已经是宪法保障了”。[①]

大家心照不宣的是，所谓“政治支持”就是制药公司和金融机构的支持，是他们决定哪些在“政治上是可以接受的”。概言之，富豪做主成了现实中的实际真理。

或者把话说得委婉一点，这就是英国法学家康纳·吉尔蒂（Conor Gearty）所说的“新民主”，一种类似于新自由主义的体制。在这一体制下，只有少数人才享有自由，精英才享受真正意义上的安全，但该体制嵌于一个拥有更普遍形式权利的体制之中。[②] 这是一个霍布斯意义上的自由社会，按霍布斯的解释：一个人可以“顺畅无碍地随心所欲”，“如果我仅仅是因为害怕后果而不愿意做什么，那并不等于我没有做的自由，只意味着我不想做，即我仍然是自由的”。如果你选择饥饿或奴役，那么什么也阻碍不了你的选择，所以我们是自由的。只是我们

---

① Kaiser Health Tracking Poll, April 2009. 关于民意调查，见 Noam Chomsky, *Failed States: The Abuse of Power and the Assault on Democracy* (New York: Metropolitan Books / Holt, 2006), chap. 6。关于宪法权利，见 Robert H. Wiebe, *Self-Rule: A Cultural History of American Democracy* (Chicago: University of Chicago Press, 1995), 239。

② Conor Gearty, *Liberty and Security* (Malden, Mass.: Polity, 2013).

因为害怕后果，所以不愿意选择饥饿。

与此相反，真正的民主制度会寻求实现洪堡的理想，其性质不妨仍用洛克尔的话来概括："以社群利益为目标，以劳动合作和计划管理为基础的自由组合联盟。"实际上，这至少是离民主理想不太远的一个版本。这只是一个版本，其他版本我们后面再谈。

例如约翰·杜威，他关注的社会和政治问题主要在民主和教育两个方面。没有人认为杜威是无政府主义者，但是我们来看看他的观点。[①] 按照他心目中的民主概念，不正当机构必须废除，其关键是废除"为私人获取利润的企业"对社会的主导，这类企业"通过私人控制银行业、土地、工业，并通过调动新闻、媒体和其他公关和宣传手段来加强这一控制"。他认为，即使保留着民主形式，"今天的权力就在于控制生产、交换、宣传、交通和通讯等方面的资源。哪怕民主形式不变，谁拥有了这些资源，谁就掌管了国家的生命线"。只要这些机构没有掌握在公众手中，政治就仍然只是"大企业给社会蒙上的阴影"，这就是我们今天看到的社会现状。

但是杜威远远没有止步于呼吁公众以某种形式主导这个社会。他写道，在一个自由民主的社会，工人应该是"自己工业命运的主人"，而不是雇主租用或政府部门指挥的工具。这一立场可以追溯到洪堡和亚当·斯密等人提出的古典自由主义的主要思想，而无政府主义在其传统中延伸了这一思想。

---

① Quotations from Robert B. Westbrook, *John Dewey and American Democracy* (Ithaca, N. Y.: Cornell University Press, 1991).

谈到教育时杜威认为，若是训练儿童“为了获得工作”而努力，而不是“自由和有思想地努力”，那是“狭隘的、不道德的做法”——例如为考试成绩而学习，他们的活动是“不自由的，因为他们不是自由参与的”。借用一个可以追溯到启蒙运动的比喻来说就是，教育不应该被当作往容器里注水——我们都知道，这是漏得很厉害的容器。仍用洪堡的话来说，教育应该是提供一系列的设想，学习者可沿着这条思路按自己的方式锻炼和提高自己的创造能力和想象力，感受发现的乐趣。

从这些观念出发，用杜威的话来说，工业必须从“封建主义的社会秩序向民主社会秩序”转变，教育实践应该鼓励创造性、探索性、独立性和团队精神，而今天的教育现状与此大相径庭。

这些观点自然使人想到以工人控制生产机构为基础的社会愿景，19世纪思想家，特别是马克思，还有大家不太熟悉的约翰·斯图亚特·穆勒对此都有过描述。穆勒认为：“然而，如果人类继续改进联盟的形式，占主导地位的理想形式就必须是……劳动者自己在平等条件下的联盟，联盟集体拥有经营资本，在他们可以自由选举和更换的经理领导下工作。”[①] 这些观点还应该进一步与自由联盟和联邦机构框架内的社区控制联系起来考虑，同时要广泛借鉴各种思想和理论，其中包括许多无政府主义者的理论，比如科尔的行会社会主义和左翼反布尔

---

① 要了解更多穆勒的相关观点，见 David Ellerman，“Workplace Democracy and Human Development：The Example of the Postsocialist Transition Debate，” *Journal of Speculative Philosophy* 24，no. 4（2010）：333 - 53。

什维克马克思主义，迈克尔·艾伯特、罗宾·哈内尔、史蒂文·沙洛姆以及其他人的参与性经济学和政治学的最新理论，还有已故的西摩·梅尔曼及其同事重要的理论及实践，嘉尔·阿尔普尔维兹[①]最近对美国拉斯特地区及其他地区的工人所有制企业和合作社发展取得的重要研究成果。

杜威是美国社会主流人物。事实上，上述观点深深植根于美国的传统。自从19世纪中叶的工业革命以来，我们继续探讨这些理论，经历了令人激动但往往是痛苦的斗争。在那些年里，是诺曼·韦尔九十多年前首次对产业工人进行了严肃的学术研究，至今依然非常值得一读。[②] 他提到了昔日的独立工匠和农民，还有波士顿附近纺织厂来自农场的“工厂女工”所处的恶劣工作环境。但他主要关注“产业工人的潦倒”，“社会地位和独立”的失去，这些都是即便通过物质待遇的改善也无法弥补的。他还关注激进资本主义的“社会革命，革命使原本属于社群整体的经济事务主权转入到一个特殊阶级”，即主子的手中，这往往是一个远离生产，“与生产者不相容”的群体。诺曼·韦尔表示：“对机器工业每有一次抗议，就会发现对资本主义生产和规则的新权力有一百次抗议。”

工人罢工不仅仅是为了面包，还为了玫瑰、为了尊严、为

---

① 科尔（G. D. H. Cole）、迈克尔·艾伯特（Michael Albert）、罗宾·哈内尔（Robin Hahnel）和西摩·梅尔曼（Seymour Melman）均为经济学家；史蒂文·沙洛姆（Steven Shalom）为政治学教授。嘉尔·阿尔普尔维兹（Gar Alperovitz）为历史学家和政治经济学家。编注。

② Norman Ware，*The Industrial Worker*，1840－1860：*The Reaction of the American Industrial Society to the Advance of the Industrial Revolution*（1924；repr.，Chicago：Quadrangle Books，1964）.

了独立、为了他们作为自由的男人和女人的权利。在他们的刊物中，他们指责“君主原则对民主大地带来的毁灭性影响”，这种影响，只有“工厂属于在工厂做工的人之后”，主权回到自由的生产者手里时，才能克服。到那时，他们就不再是“异地主子（即不在做工现场的老板）下贱卑微的臣民，以及为主子做苦工的地道奴仆”，才会恢复“自由美国公民的地位”。

资本主义革命带来了从价格到工资的重大变革。诺曼·韦尔写道，生产者按一定价格出售自己的产品时，“他保留了自己的人格，但是出售自己的劳动时，他出售的就是他这个人”，他就成了一个奴隶，即常说的“工资的奴隶”，失去了自己作为一个人的尊严。大约170年前，纽约一群技术工人反复重申一个普遍认同的观点，日工资是一种奴隶制形式。他们尖锐地指出，对工资奴隶们来说，也许有一天，工资奴隶们“会忘记他们本来应有的人格，转而以这种强加于他们但受生活所迫而接受的、违背他们独立和自尊感情的体制为荣”。他们希望这一天会很遥远。

劳工活动家们警告说，有这么一种新的“时代精神：获取财富，除了自己，忘掉其他一切”。与这一堕落精神针锋相对的是，高涨的工人和激进农民的运动。美国历史上最有意义的民主大众运动则致力于团结和互助①——尽管有挫折，还经常遭到暴力镇压，这场战斗至今还远远没有结束。

工资奴隶制的辩护者说，工人们应该为自愿选择的自由合

① 还可参见 Lawrence Goodwyn，*The Populist Moment：A Short History of the Agrarian Revolt in America*（New York：Oxford University Press，1978）。

同制感到自豪。对这些人，二百年前的彼得卢（Peterloo）屠杀之后，雪莱在其伟大的诗篇《暴政的假面》（*Masque of Anarchy*）中就曾有过答复。那次屠杀，英国骑兵残酷践踏和袭击了数万名和平集会呼吁议会改革的群众。

“我们知道什么是奴隶制，”雪莱写道，

> 那就是辛勤劳动，而报酬
> 只够，维持体力勉强糊口，
> 只能为了应承暴君的差役
> 居住在阴暗的地窨和牢狱。
> ……
>
> 那就是心甘情愿成为奴隶，
> 在灵魂深处放弃自由权利，
> 以至无力控制自己的意志，
> 听任奴隶主的摆布和驱使。
>
> （江枫译）

为尊严、独立和自由而斗争的艺术家和工厂女工们完全可能熟悉雪莱这首诗。观察家们注意到，他们有很好的图书馆，熟悉英国文学的原作。诺曼·韦尔写道，在机械化和工资制破坏独立和文明之前，一个工作坊就像一个**学府**。熟练工在工作时，往往雇用男童给他们读书。他们的工作场地就是“社会活动场地”，为阅读、讨论和相互切磋提供了大量机会。和工厂女工一样，他们对自己的文化受到攻击有极深的怨怼。英国也是如此，乔纳森·罗斯[①]对当时工人阶级阅读习惯的研究具有里程碑式的意义，他在研究中就提到过这类情况。[②] 他把“无产阶级自学者对知识的热烈追求”与“英国贵族普遍的庸俗”进行了对比。我还记得儿时看到的纽约劳工，时值经济大萧条，他们有人却沉浸在当时的高雅文化之中。

我前面曾提到，杜威和美国工人对民主的设想是一致的，有浓重的自由主义色彩。但是占主导地位的民主模式大为不同。主流知识界的进步派，包括威尔逊—罗斯福—肯尼迪这类“标准”自由主义知识分子，对这种模式的表述最有启发性。下面是几条有代表性的引述。

公众是“愚昧无知且好管闲事的外人，必须让他们安分守己”。决策只能出自“有责任感且明智的少数人”之手，“必须保护他们，使他们免受糊涂人群的践踏和咒骂”。人群确实有一个**功能**，其任务就是每隔几年在有责任感的人之间进行选择，除此之外，其功能就是做“观众，不参与行动”。这都是为了他们好。我们不应该听信“人是自己利益最好的裁判这类民主教条”，人并不是自己利益最好的裁判，我们这些有责任感的人才是。因此，对不同的态度和意见必须加以引导，有所控制。我们必须“像军队管理士兵的举止一样管理人的思想”。对负责“教育青年”的机构尤其要有更严格的要求。如果做到

---

① 乔纳森·罗斯（Jonathan Rose，1952— ），美国历史学家。编注。

② Jonathan Rose，*The Intellectual Life of the British Working Classes*（New Haven，Conn.：Yale University Press，2002）.

了这一点，那就有可能避免像20世纪60年代那样的危险时期，用传统精英的话来说，那是一个“麻烦时期”。我们就能实现更多的“民主和谐”，回到像“杜鲁门依靠少数华尔街律师和银行家的配合就治理好了国家”那样的好日子。

以上言论均引自卓有成就的自由主义核心人物：沃尔特·利普曼、爱德华·博内斯、豪尔德·拉斯维尔、塞缪尔·亨廷顿，还有成员多任职于卡特政府的三边委员会。①

这种萎缩的民主概念有坚实的根基。其奠基者们非常担心民主的危害。在《制宪会议》的辩论中，主要起草人詹姆斯·麦迪逊就这些危害提出了警告。他当然是以英格兰为榜样，他认为，“现在的英国，如果选举权对所有阶级开放，有土地者的财产就不安全了。很快就会实施土地法”，然后削弱财产权。为了避免这种不公正，“我们的政府应该确保国家的永久利益，反对新措施”，设计好投票方式和制衡措施，以“防范多数，保护富裕的少数”，这是一个正派政府的首要任务。②

---

① Walter Lippmann, *The Phantom Public*, in *The Essential Lippmann: A Political Philosophy for Liberal Democracy*, ed. Clinton Rossiter and James Lare (Cambridge, Mass.: Harvard University Press, 1982), 91-92; Edward Bernays, *Propaganda* (New York: Liveright, 1928); Harold Lasswell, “Propaganda,” in *Encyclopedia of the Social Sciences*, ed. Edwin Seligman (New York: Macmillan, 1937); Michel J. Crozier, Samuel P. Huntington, and Joji Watanuki, *The Crisis of Democracy: Report on the Governability of Democracies to the Trilateral Commission* (New York: New York University Press, 1975).

② Jonathan Elliot, ed., *The Debates in the Several State Conventions on the Adoption of the Federal Constitution*, 1787, http://oll.libertyfund.org/titles/1904. 关于麦迪逊进一步的说明和参考文献，见 Noam Chomsky, “Consent Without Consent: Reflections on the Theory and Practice of Democracy,” *Cleveland State Law Review* 44, no. 4 (1996): 415-37。

正如麦迪逊所预料的，随着“在艰苦的条件下劳动，暗暗渴望更平等分享劳动福利的人”的增加，民主的威胁也相应地更大。也许受到谢司起义的影响，他警告说“选举权的平等法”可能终究会把权力转移到他们的手中。他还说：“这个国家还没有做过土地所有制方面的尝试，但是在某些地区已经显现的平等精神诉求的迹象，已足以构成对未来危险的警示。”基于这样的理由，麦迪逊认为，参议院作为宪政体制的主要权力所在，“应该来自和代表国家的财富”、“更有能力的群体”，还应该对民主统治制定其他限制。

麦迪逊的难题一直困扰着政府首脑们。例如，1958 年，国务卿约翰·福斯特·杜勒斯（John Foster Dulles）为美国在拉美面临的困境大为费神，他对国内共产党人“控制群众运动”的能力表示担忧，“这种能力我们无法复制”。他们的优势在于“依赖穷人，他们一直想掠夺富人”①。我们无法使他们理解，政府必须“保护少数的富人，防范多数人”。我们无法按常规传递我们的本意，因而不得不违背自己的最高贵原则而使用暴力，为此真心地感到十分遗憾。

麦迪逊认为，要成功地“构建我们希望能行之久远的体制”，有必要保证统治者是选自占人口少数的富人。那么就有可能“防止因选举权的普遍平等而危及财产权，将财产权牢牢掌握在手中，不至于被他人分享”。“财产权”这一短语被专用

---

① John Foster Dulles 和 Allen Dulles 的电话对谈，June 19，1958，“Minutes of Telephone Conversations of John Foster Dulles and Christian Herter，” Eisenhower Presidential Library，Museum，and Boyhood Home，Abilene，Kansas。

于指财产的所有权，即作为财产主人的权利。若干年后的1892年，麦迪逊回忆道，“不能指望那些没有财产，或者没有希望获得财产的人对财产权益会有足够的尊重，会成为它们的可靠守护人”。解决这个问题的办法是，保证社会分化，参与政治事务的公众要有所限制，这就意味着，政治事务实际上掌握在富人及其代理人的手中。学界一般认为，宪法在本质上是一种贵族文件，用于阻止当时的民主倾向，将权力赋予“优等”群体，不能让“那些财产不丰厚，出身不高贵、身世不显赫的人行使政治权力”。[①]

从麦迪逊的辩说来看，我们应该记住，他是“一位可敬的18世纪绅士，其绅士味之纯正几乎是今天的我们无法想象的”[②]。他预计，“开明的政治家”和“仁慈的哲学家”才是将要掌握权力的人。非常符合标准的“纯洁而高贵”，这些“聪明、爱国、富裕，以及有自主能力的人”，就是“一群优质公民，他们的智慧最适合判断真正的国家利益所在，他们的爱国心和正义感保证他们最不可能为一时或局部之利而放弃正义”。因此，他们会“提炼”和“扩大”“公众的观点”，维护公众利益，反对民主大多数的“不端行为”。

结果并不完全是这么一回事。

亚里士多德在其首部政治科学的主要著作《政治学》中早

---

① Lance Banning, *The Sacred Fire of Liberty: James Madison and the Founding of the Federal Republic* (Ithaca, N.Y.: Cornell University Press, 1995), 245, citing Gordon S. Wood, *The Creation of the American Republic*, 1776 - 1787 (Chapel Hill: University of North Carolina Press, 1969).

② Banning, *The Sacred Fire of Liberty*, 333.

已意识到了麦迪逊察觉到的民主问题。在评论各种政治制度时，他的结论是，民主是最好的，或者说是最不坏的体制，但他发现了一个缺陷：人数众多的穷人有可能利用自己的投票权来剥夺富人的财产，这不公平。麦迪逊和亚里士多德二人面临了同样的问题，但选择了相反的解决方案：亚里士多德建议通过我们可能称之为国家福利的措施来减少不平等；麦迪逊觉得答案是减少民主。

这些民主概念之间的冲突可追溯到 17 世纪英格兰最早的现代民主革命，当时国王支持者与议会支持者之间发动了战争。绅士们自称是“最优秀的人”，他们惊讶地发现，百姓们竟然不愿意接受国王或议会的统治，宁可接受“像我们自己一样的、知道我们有哪些需求的农夫”的统治。他们的小册子解释说：“只要骑士和绅士们还在为我们制定法律，这个世界就永远不会变得美好。他们让我们恐惧，他们无所作为，唯有压迫我们。他们不了解人民的痛苦。”①

冲突远远没有结束。托马斯·杰斐逊晚年深切关注民主试验的质量和命运，他很简要地概括了这种冲突的本质。他区分了“贵族与民主人士”。贵族是“害怕和不信任人民的人，他们希望从人民手中拿走一切权力交到上层阶级的手里”。民主人士则相反，“尽管他们认为人民不是公众利益最明智的守护者，但他们认同人民，对人民有信心，珍惜人民，视他们为诚

---

① Christopher Hill, *The World Turned Upside Down: Radical Ideas During the English Revolution* (New York: Penguin, 1975), 60.

实和安全的人”[①]。

现代进步知识分子就是杰斐逊所说的“贵族”。他们试图“让公众安分守己”，他们在“无知好管闲事的外人”进入政坛的能力问题上不信“民主教条”。虽然对什么人应该发挥主导作用有争议，他们的基本观点还是相当一致，那就是：进步“知识社会”的“技术官僚和以政策为中心的知识分子”，或银行家和企业高管。其他说法中，还有人认为是中央委员会或神职指导委员会。这些都是“政治监护”的例证。真正的自由主义传统是试图消除政治监护，再自下而上予以重建这种政治监护，同时还将工业从“封建社会的秩序”转变为基于工人控制的“民主社会秩序”，尊重生产者，把他们真正当人看待，而不是当作他人手中的工具。这种自由主义传统根深蒂固，就像马克思说的老鼹鼠一样，有时以出乎意料的惊人方式，时刻朝向地面掘土，随时想探出头来。在我看来，他们在努力争取实现至少是合理而基本的大众福祉。

---

①　转引自 Charles Sellers，*The Market Revolution*：*Jacksonian America*，1815 - 1846（New York：Oxford University Press，1991），269 - 70。

第四章　大自然的奥秘：隐藏有多深？

本章的标题选自休谟对一个人的评论，此人就是他称为“有史以来为人类带来荣耀和教益的最伟大、最罕见的天才”：艾萨克·牛顿。根据休谟的评价，牛顿最伟大的成就是，他在“似乎揭开了大自然某些奥秘面纱的同时，也指出了机械论哲学的不完美之处，从而恢复了（大自然）终级奥秘本来的神秘面目。奥秘一直都是神秘的，将来永远也会是神秘的”。其他人基于各自不同的理由也得出了类似的结论。例如洛克曾经说过，运动能产生的效果是“我们绝对想象不到的”——牛顿不久前做的演示实际上是为此言提供了佐证。洛克的结论是，既然我们对物质及其影响“十分无奈地依然懵懂无知”，也没有“掌握关于物体的科学”，那么我们只能仰仗“全能的上帝提供机缘了，就是他一手造成了奥秘，在操控奥秘，以我们弱得可怜的理解之力，万无可能想象他是如何操控的”。[①]

我认为这些结论，其理由及后果，还有那段历史对心灵哲学的当下研究有何启示等，都值得关注。

牛顿摒弃的机械论哲学是基于我们对客体本质以及它们相互作用的常识性理解，这种理解很大程度上是基因决定的，似乎可以本能地产生一些感知属性，如客体具有时空的持续性以及必然的连贯性和持续性；[②] 还有施加力产生的因果关系，这是直觉物理学的一个基本特征：“物体，就我们的想象所及之极限而言，只能击打和影响物体；运动，根据我们的观念所及之极限，只能产生运动，别无其他。”这也是洛克概括的关于世界的常识性理解，且言之成理，他的意思是：我们的“观念”是有局限性的。与此对应的理论就是激发了 17 世纪科学革命的唯物主义，该理论将世界看作一台机器，自动机一般的机器，只是版本更高，像今天的电脑一样按程序运作，这给当时的设计家们带来了很多的灵感：了不起的时钟，雅克·德·沃康松（Jacques de Vaucanson）那样的工匠大师创造的工艺品，能模仿动物行为和消化等内脏功能，还有皇家园林里经游客触发后能演奏音乐和说出词语的液压机器。机械论哲学的目标是摒弃凸显于眼前的各种形式、同情和反感，以及其他神秘

---

① David Hume, *The History of England* (1756), 6: chap. 71; John Locke, *An Essay Concerning Human Understanding* (1689), book 4, chap. 3. 洛克的理由当然与休谟不同，他依赖“我们从知觉和反思中获得的简单想法”，这阻止我们理解身体或心智（精神）的本质。

② Renée Baillargeon, “Innate Ideas Revisited: For a Principle of Persistence in Infants' Physical Reasoning,” *Perspectives on Psychological Science* 3 (2008): 2-13.

观念，持守的一切均以常识性理解为坚实基础，也能为常识性理解所理解。众所周知，笛卡尔声称用机械术语解释了物质世界的现象，同时也论证了机械论哲学并非无所不能，例如无法解释心智现象——这与使用常识性二元论来解释自我和周围的世界又是高度一致的。

艾尔姆·伯纳德·科恩[①]指出："牛顿在总体上是支持笛卡尔机械论哲学的，这一点在其《原理》和《光学》中有大量证明。"[②] 在此，"总体上"一词很重要。牛顿深受新柏拉图主义和炼金术传统的影响，他本人的研究中有些令人不安的发现也影响到他。出于这些原因，他有时也对笛卡尔关于物质与精神的二分法略作调整，使之宽松一点，包括属于后者的"各种自然媒介，这些媒介导致了化学作用和电流作用的'剧烈运动'，甚至可能还导致了一般的加速运动"。这些调整在埃南·麦克马林[③]认真分析牛顿探讨各个悖论和难题的过程时，也有所提及。用牛顿自己的话来说，"精神"有可能是自然界所有运动的根源，包括"思维驱动身体之力"以及"其他生物体中同样的驱动力，（虽然）我们不知道这是如何做到的，也不知

---

① 艾尔姆·伯纳德·科恩（I. Bernard Cohen，1914—2003），美国著名科学史家，哈佛大学科学史教授。代表作《科学中的革命》。编注。

② I. Bernard Cohen, *Revolution in Science* (Cambridge, Mass.: Harvard University Press, 1985), 155.

③ 埃南·麦克马林（Ernan Mcmullin，1924—2011），美国圣母大学哲学教授，科学哲学家。编注。

道是遵循了什么规律，我们不能说大自然都没有生命”[①]。

洛克进一步补充说，我们不能说大自然是不思考的。在史上流传下来的“洛克假说”中，他写道：“上帝造出物质是不是为了思考，人类不得而知。因为我认为，只要他愿意，第一永恒思维的存在或者全能精神应该赋予其创造的无意识物质以某些系统，按他认为合适的方式聚合某种程度上的意义、感知和思维，这么做并无自相矛盾之处。”而且，正如上帝给运动附加了不可思议的后果一样，“我们不难想象，如果上帝愿意，上帝可以给物质增加一种思维机能，同样不难想象，他还可以给另一实体也增加一种思维机能”。那就没有理由假定这个第二实体的本质就是思维。在其他地方，“如果（上帝要）按他认为合适的方式，给予某部分物质一种思维和运动的力量，这也可恰当地称之为精神，以区别于无思维的物质，那也没有自相矛盾之处”。他认为这种观点“与认为物质无意识的理念是矛盾的”，但是他认为，由于我们无奈的无知和观念（即认知能力）的局限性，我们无法拒绝这种观点。由于对“物质”（身体等）缺乏可理解的概念，特别是在牛顿改变了对常识性理解的看法后，我们无法排除存在有生命或能思维的物质的可

---

① Ernan McMullin, *Newton on Matter and Activity* (Notre Dame, Ind.: Notre Dame University Press, 1978), 52ff. 麦克马林的结论是，因为牛顿使用“机械”“精神”以及其他术语时不一致，所以“将牛顿看作‘机械论哲学’的支持者，那会误导他人”(73)。

能性。[①]

洛克的建议在整个18世纪都为人们所接受，最终出现了约瑟夫·普利斯特里的重要成就，对此我们后面再讨论。休谟在《人性论》中得出的结论是，“运动也许是，而且实际上是思维和感知的原因”，这就拒绝了有关类型和可分解性有绝对差异的一些常见论点，这些论点所依据的一般理由是，“我们从来感觉不到因果之间的任何关系，只是根据我们对它们持续联系的经验，才得以知道这种关系”。人们以某种方式认识到，既然“思维产生于大脑，如果没有这个器官，思维就无法存在”，那就没有理由再质疑思维物质这一论点了，“应该把大脑看作是专门为生产（思维）而设计的特殊器官，就像肠胃是为消化而设计，肝脏是为过滤胆汁而设计的一样，都是通过身体器官获得某种功能”。就像食物进入胃部，然后离开胃部时有了

> 新的特质。（所以）印象通过神经到达大脑，这时的印象是各自孤立的，相互之间没有连贯。器官开始行动，对印象产生影响，很快就将它们变为思维又送回去，并通过面相和姿势语言，或言语和写作在外部表

① Locke，*Essay Concerning Human Understanding*；以及与 Edward Stillingfleet 的通信，引自 Ben Lazare Mijuskovic，*The Achilles of Rationalist Arguments*（The Hague：Nijhoff，1974），73。关于“洛克的建议”在18世纪的发展，最后导致约瑟夫·普利斯特里的研究（后文有讨论），见 John Yolton，*Thinking Matter*：*Materialism in Eighteenth-Century Britain*（Minnea-polis：University of Minnesota Press，1983）。

> 现出来。那么，我们同样肯定地得出结论，大脑就好像是消化了所获得的印象，也就是说，大脑在器官上分泌了思维。[①]

正如达尔文简练地概括说，“思维作为大脑的分泌物，为什么比重力这一事物属性更为奇妙？”[②]

且不论资格问题，牛顿一般都坚持机械论哲学，但也揭示了其“不完美之处”。尽管他终生都在努力寻求以某种方式阐释他为说明最基本的自然现象而不得不采用的神秘超距作用原则，事实上他摒弃了机械论哲学。也许他认为，很可能有“一种极微妙的精神隐匿地弥漫于所有物体中”，这种精神能以某种方式为引力和凝聚力提供一种物理解释，并为最终看清楚弄明白这个世界保留一点希望。[③]

我们不能轻易忽视“有史以来为人类带来荣耀和教益的最伟大、最罕见的天才”对这个问题的关注，也不能轻易忽视伽利略、笛卡尔、休谟，以及牛顿同一时代备受尊重的科学家们对这个问题的关注。爱德华·扬·戴克斯特霍伊斯[④]对机械论

---

① Pierre-Jean-George Cabanis, *On the Relations Between the Physical and Moral Aspects of Man*, vol. 1 (1802; Baltimore: Johns Hopkins University Press, 1981).

② 转引自 V. S. Ramachandran and Sandra Blakeslee, *Phantoms in the Brain: Probing the Mysteries of the Human Mind* (New York: Morrow, 1998), 227。

③ Isaac Newton, *Principia*, General Scholium (1713).

④ 爱德华·扬·戴克斯特霍伊斯（E. J. Dijksterhuis, 1892—1965），荷兰科学史学家。编注。

世界观的状况及其作为一门重要学说的没落有很经典的研究。他写道，这些牛顿同时代的人“很明确无误地批评（牛顿）导致了科学回到它似乎已经明确摒弃了的错误道路”。克里斯蒂安·惠更斯把牛顿的引力原理描述为“荒谬”。戈特弗里德·莱布尼兹则认为牛顿是在重新引入神秘思想，类似于对备受嘲讽的经院科学的同情和反感，并没有对物质世界的现象提供**物理**解释。[①]

对他同时代的科学家们，牛顿很大程度上是认同他们的看法的。他写道，超距作用的概念是“不可思议的”，“荒谬至极，所以我相信凡是在哲学问题上具有一定思考能力的人都不会沉迷其中”。[②] 搬出这个概念，就是承认我们不理解物质世界的现象。正如麦克马林所说：“牛顿所说的‘理解’，与他的批评者们的意思仍是一样的，即‘力学的施加力作用意义上的理解’。”[③]

若借用一个当代同类的例子来说，超距作用概念之不可思议堪比“精神状态是大脑的状态”这一概念之不可思议，对后者“我们并不真正了解，（因为）尽管可以肯定物质确实产生

---

① E. J. Dijksterhuis, *The Mechanization of the World Picture: Pythagoras to Newton*, trans. C. Dikshoorn (Oxford: Clarendon Press, 1961; repr., Princeton, N. J.: Princeton University Press, 1986), 479 - 80.

② Ibid., 488; Isaac Newton to Richard Bentley, 1693, in *Newton: Philosophical Writings*, ed. Andrew Janiak (Cambridge: Cambridge University Press, 2004), 102 - 3.

③ 更详尽的分析，见 McMullin, *Newton on Matter and Activity*, chap. 3。

了意识，但对物质是**如何**产生意识的我们仍无法形成概念"[①]。同样的道理，对物质中怎么能产生自然界最简单的现象，牛顿也无法形成概念，而且根据他的物质概念，即常识性理解的自然理论版本，它们并没有产生。洛克和其他人都认为，休谟通过其结论，即牛顿将自然界的终极秘密恢复到了"本来的神秘面目，奥秘一直都是神秘的，将来永远也会是神秘的"，将不可理解的问题向前推进了一大步——按自然主义观点，我们可以将他这一立场理解为，他在推测人类的认知能力上是有极限的。从历史的角度来看，似乎没有什么理由需要关注将心智与大脑联系起来的不可思议性，或者索性不可思议性这个问题根本就没必要关心，至少在探讨世界本质时没有必要关心。也没有任何理由超越于探索世界中产生的一致问题，为**物理的**与意识之间的"解释性差距"感到不安。除非**物理的**被赋予某种新的后牛顿意义，与假定还原基础具有某种明确意义的情况相比较，对"解释性差距"的不安更没有理由。这类关注最极端的，对科学后续发展最重要的，就是牛顿发现但没有解决的"解释性差距"，这个问题很可能如休谟推测的那样，是人类永恒的奥秘。[②]

科学当然没有随着身体（物质的、物理的等）概念的被弃

---

① Thomas Nagel, "Searle: Why We Are Not Computers," in *Other Minds: Critical Essays*, 1969 - 1994 (New York: Oxford University Press, 1995), 106.

② 关于论述"解释性差距"的不同角度，见 Galen Strawsonet al., *Consciousness and Its Place in Nature: Does Physicalism Entail Panpsychism*?, ed. Anthony Freeman (Charlottesville, Va.: Imprint Academic, 2006).

而终止。这个概念反而以全新的方式得到了重构，摒弃了可想象性和可理解性问题，因为这些概念除了人类的认知能力之外，说明不了任何问题。不过，这个结论花了很长时间才被完全认可。科学在其后的各个发展阶段中引入了更多的“荒谬”。区分这些阶段的标准是由解释和实验支撑的深度所决定的，而不是由关于所描述世界的可想象性和可理解性所决定的。

托马斯·库恩认为：“如果说，牛顿本意是希望像笛卡尔一样写一本《哲学原理》（即真正的科学），但是他无法解释重力，于是被迫将主题限制在《自然哲学的数学原理》，甚至都不提自己是在解释为什么宇宙会像今天这样运行，而是使这个问题保持其神秘状态，我认为，这么看他并没有误解牛顿作为科学家的意图。”出于这样的原因，“即便是在英国的大学，牛顿物理学也花了四十年时间才彻底取代笛卡尔物理学”。18世纪一些最有才干的物理学家则继续试图用机械—微粒来解释重力，也就是他们说的物理的解释角度，牛顿本人也是这么做的。在后来几年里，实证主义者指责讨论各方“愚蠢地把（物理理论的）数学形式体系披上一件物理解释的‘同性恋外衣’”，一个当时已失去实质意义的概念。①

牛顿的名言“我不作假设”是在这种语境下说的：他意识到自己无法发现重力的物理原因，所以对这个问题不作任何限制。他补充说：“对我们来说，知道重力确实存在，按我们已

---

① Thomas Kuhn, *The Copernican Revolution: Planetary Astronomy in the Development of Western Thought* (New York: Random House, 1957), 259; Heinrich Hertz，转引自 McMullin, *Newton on Matter and Activity*, 124。

解释过的定律运行，并且完全可以解释天体和海洋的所有运动，这就足够了。”一方面他认为自己的想法很荒谬，没有一个严肃的科学家能够接受，另一方面他否认这是对亚里士多德派神秘主义的回归。他认为，他说的原则并不神秘，“神秘的只是它们的原因”。或者说，他希望这些原因还有待从物理角度来发现，也就是说从机械论的角度来发现。他继续说，为了从现象归纳出一般原理，“然后再告诉我们，所有实体的行为属性是如何遵循这些显性原则的，哪怕这些原则的原因还没有被发现，在哲学上这仍将是非常伟大的一步”[①]。

我前文提到的当代同类例子，换句话可以这么解释：“用显性原则来解释世界的精神方面，即使这些原则的原因尚未被发现，那也将是科学上非常伟大的一步。”更合适的说法是，即使与科学的其他方面还不一致。为了更多地了解世界的精神方面——或者化学、电器以及其他方面——尽管产生这些原则的原因与我们眼里科学更基础的领域无甚关联，我们也应该努力去发现能部分解释它们的“显性原则。造成不一致差距的原因可能是多种多样的，例如已被不断证实的原因之一是，人们错误理解了假定还原基础，还有核心物理学”。

科学史家们已经认识到，牛顿在思想观念上的保守实际上提出了一种新的科学观，按照这一科学观，科学的目标不是寻求终极解释，而是为发现我们就经验和实验现象能作出的最好理论解释。牛顿的目标更是有限，而且并不完全是新的。他继

① Dijksterhuis, *The Mechanization of the World Picture*, 489.

承了早期科学传统，放弃寻求“大自然运动”以及其他自然现象的“初始之源”，致力于更普通的目标，探讨我们力所能及的最好理论阐释：也就是理查德·波普金[①]所说的“……马林·梅森[②]和皮埃尔·伽桑狄[③]详细建构的建设性怀疑论”，后来被休谟称为“弱化版怀疑论”。波普金继续说，根据这一概念，科学始于“怀疑我们是否有能力为知识找到依据，同时接受和增加知识”，并认识到“自然界和事物自身的奥秘，在我们面前永远都是隐身的”——这就是“没有形而上学的……将在近代史上谱写伟大篇章的科学”。[④]

随着牛顿的发现逐渐为人接受，科学探索中类似这样的降低研究目标成了惯例。科学家们不再追求早期科学革命中充满激情的理念——这个世界是我们能理解的，而是认为，构建可理解的解释理论就足够了。这与以前相比有了巨大的差异。我们读伯特兰·罗素的《物的分析》可知，他将这个世界是可理解的想法斥为“荒谬”，并且反复引用“可理解”一词，以突出这种探讨的荒谬性。他写道，对超距作用的不安“几乎就是一种偏见”。“如果世界全是由台球构成的，那这个世界就会是所谓‘可理解的’——也就是说，那样我们就绝对不会觉得我

---

① 理查德·波普金（Richard H. Popkin，1923—2005），美国哲学家，研究领域为启蒙哲学和反教条主义历史。编注。

② 马林·梅森（Marin Mersenne，1588—1648），法国神学家兼数学家。编注。

③ 皮埃尔·伽桑狄（Pierre Gassendi，1592—1655），法国科学家、数学家和哲学家。编注。

④ Richard H. Popkin，*The History of Scepticism from Erasmus to Spinoza*（Berkeley：University of California Press，1979），139 - 40，213.

们并不理解这个世界了。”① 但即便没有使我们感到惊异的外部因素，我们也应该明白，我们对世界的了解是多么贫乏；还应该知道，无论是否能想象得到这个世界是如何运作的，都不重要。罗素写完《物的分析》几年后，保罗·狄拉克②对量子力学有一经典介绍。他写道，物理学不再寻求描述这个世界是如何运作，也就是说，物理学改变了原来“基本上属于古典方式的功能模式”，转而致力于提供一种“能清晰揭示基本规律内和谐的方式”。他这里说的是量子物理得出的令人不可思议的结论，也就是说，即便是古典牛顿理论模式也放弃了要让大自然现象变得可以理解的希望，这是早期现代科学革命的主要目标，其根源就在常识性理解。③

摒弃机械论哲学，同时对常识性信念和概念产生新的看法，即常识性信念和概念除了充当研究的起点和激励研究之外，与科学没有任何关联性。若能认识到这一转变是何等急剧，对我们无疑大有裨益。研究伽利略的学者彼得·麦克马查默（Peter Machamer）指出，伽利略认同机械论哲学，引发了现代科学革命，从而在世界是台精密机器这一概念的基础上，“为人类理解力打造了一种可理解性的新模式，提出了对自然现象作出连贯解释的新标准”。一般而言，在伽利略和早期现

---

① Bertrand Russell, *Analysis of Matter* (New York: Harcourt, Brace, 1927; repr., New York: Dover, 1954), 18-19, 162.

② 保罗·狄拉克（Paul Dirac，1902—1984），英国理论物理学家，量子力学奠基者之一。编注。

③ Paul Dirac, *Principles of Quantum Mechanics* (Oxford: Clarendon Press, 1930), 10. 这一参考文献要感谢 John Frampton。

代科学革命的主要人物看来，真正的理解要求有一个机械模型，一个工匠可以构建的装置，这样世界对我们才是可理解的。因此，伽利略不认可传统的潮汐理论，因为我们无法“通过合适的人造装置复制（潮汐）”[①]。

伽利略以降，直至牛顿以后的可理解性主导模式都有一必然结果：一旦机械论无法解释，理解就失败。机械论对凝聚力、引力以及其他现象的解释力有明显的不足，这促使伽利略最终摒弃了“一切都是能理解的这一虚妄推定”。他甚至还认为：“大自然行事的效果……无一是人能够完全理解的，哪怕是最具天才的理论家也无法完全理解。”[②] 伽利略在深入探讨当时涉及意识的哲学问题研究时，他的表述极为接近丹尼尔·斯托尔查[③]所称的“无知假说”。他的结论是，这些问题的根源是认识论的，但显然被所采用的“无知假设”强势掩盖，对伽利略、牛顿、洛克、休谟还有其他一些人来说，这个假设则不仅仅是个假设，远远超出了意识问题，涵盖了广泛意义上的大自然真理。[④]

关于机械论诠释的前景，笛卡尔的看法比伽利略要乐观很

---

① Peter Machamer, "Introduction" and "Galileo's Machines, His Mathematics, and His Experiments," in *The Cambridge Companion to Galileo*, ed. Peter Machamer（Cambridge: Cambridge University Press, 1998）, 17, 69.

② Cited in Pietro Redondi, "From Galileo to Augustine," in ibid., 175 - 210.

③ 丹尼尔·斯托尔查（Daniel Stoljar，1967— ），澳大利亚哲学家。编注。

④ Daniel Stoljar, *Ignorance and Imagination: The Epistemic Origin of the Problem of Consciousness*（Oxford: Oxford University Press, 2006）. 不妨回想一下，牛顿曾希望也许会有科学的（也就是机械论的）办法来解决物质与运动问题。

多，但笛卡尔也意识到了我们认知能力的局限性。《思想的指导法则》（*Regulae ad Directionem Ingenii*）第 8 条说："如果在一系列需要研究的对象中，我们遇到一个凭思维能力无法从中获取满意的直觉，那么必须就此止步，不能继续研究随后的其他事项，必须避免付出无用之功。"具体而言，笛卡尔推测，"**思维之物**"的机能有可能超出人类理解力的范围。他认为，我们可能没有"足够的智力"理解心智的机能，特别富有创造性的语言常规运用机能。按照笛卡尔的信奉者的表述，他的核心例证是：每个人（不是猛兽侠）都有能力采用适合情境而不是由情境导致的方式运用语言；能无拘无碍地组织和表达连贯的思想，能受内部或外部情景的"刺激或引导"而不是"迫于"情景采取某种方式说话。[①]

然而，笛卡尔继续说，即使我们的认知能力无法解释语言的正常使用，以及我们自由选择且具有连贯性的其他各种行为，那也没有理由质疑经验的真实性。在绝大多数情况下，"自由意志"是我们拥有的"最高尚事物"。他认为："世间万物，我们理解得最明确、最完美者，莫过于自由意志。"如果怀疑"我们深刻理解且亲身体验的事物"（或"人的自由行为未确定"），仅仅是因为它与"我们知道本质上一定是我们不

---

① 关于这些话题，见 Noam Chomsky，*Cartesian Linguistics*：*A Chapter in the History of Rationalist Thought*，3rd ed.，ed.，with introduction，James McGilvray（Cambridge：Cambridge University Press，2009）；and Chomsky，*Language and Mind*（New York：Harcourt，Brace & World，1968），chap. 1。值得注意的是，作者的关注远超过自由行动的不确定性，这一点在热罗·德·科尔德穆瓦和其他人论"其他心智"的试验研究中尤为明显（见《笛卡尔语言学》）。

理解的”其他某事物（例如“神喻”）相冲突，那是很“荒谬的”。[①]

关于认知能力极限的这些想法与笛卡尔的一些偶然看法不尽一致，他说人类理性“是一种适合所有情况的普适性工具”，而动物的器官或机器部件“则需要针对具体行为作相应的适应性处理”。这个问题在此不赘言，我们继续讨论关于认知局限性的合理结论。

语言的创造性使用曾被称作“认识论论点”的一个基础，用于心—身二元论，也用于笛卡尔信徒对“其他心智”问题的科学研究，我认为后者比当代用的类比更合情理，这些类比往往基于对艾伦·图灵著名论文的误解。不过这个话题暂且不谈。[②]

德斯蒙德·克拉克[③]认为：“笛卡尔把语言的使用看作区分人类和动物王国其他成员的关键特质，并且提出这个论证来支持说明心智与物质的真正不同。”我认为这个结论很准确。此外，他还有两个看法很有说服力，一是把普通笛卡尔方案解释为主要是“自然哲学”（科学），一种将机械论诠释推到极限

---

① 勒内·笛卡尔致瑞典女王克里斯蒂娜，1647，in *Principia Philosophiæ*, vol. 8 of *Oeuvres de Descartes*, ed. Charles Adam and Paul Tannery（Paris：Cerf，1905）。相关讨论见 Tad Schmaltz，*Malebranche's Theory of the Soul*：*A Cartesian Interpretation*（New York：Oxford University Press，1996），204ff。

② Noam Chomsky，“Turing on the ‘Imitation Game,’ ” in *The Turing Test*：*Verbal Behavior as the Hallmark of Intelligence*，ed. Stuart Schieber（Cambridge，Mass.：MIT Press，2004），317－21.

③ 德斯蒙德·克拉克（Desmond Clarke，1942—2016），爱尔兰作家兼哲学家，笛卡尔研究专家。编注。

的尝试；二是他认为《沉思录》“不是笛卡尔哲学的权威表达，而是他在他那神学上可疑的自然哲学与正统的经院形而上学之间所作的一次不成功调和”[①]。在他的自然科学探讨中，笛卡尔试图说明，机械论诠释有了极大的进展，但是在语言的创造性运用这一心理现象面前，遇到了难以逾越的障碍。因此，他很适时地采用了标准的科学程序，寻求新原则来解释这种心理现象——在机械论诠释被证明并不能解释一切现象时，这种寻求就失去了主要的动机。

克拉克主张：“笛卡尔的二元论表述了（笛卡尔物理学）与我们从自己思维第一人称角度描写的精神生活之间有多大的理论差距。”因此，这一差距是来自笛卡尔的“物质的贫乏概念”，可以通过“在我们的物质概念中纳入理论上的新存在物”予以消弭。[②] 无论后面这一想法是否正确，它并没有完全抓住古典科学自伽利略至牛顿及其他科学家的不足，于是不得不放弃基于可想象性、可理解性以及常识性理解的物质和运动这两大支撑概念，科学只能选择一条全新的途径来研究运动的最简单现象，研究世界的所有其他方面，包括精神现象。

虽说语言的创造性运用是笛卡尔科学的核心问题，它却仅仅是意志的一般问题以及恰当行为的选择的一个例证，对 17 世纪的科学家来说它是神秘的，对今天的我们来说它仍是神秘

---

① Desmond Clarke，*Descartes's Theory of Mind*（Oxford：Clarendon Press，2003），12. 也可参见勒内·笛卡尔致马林·梅森，1641，关于《沉思录》的目标，引自 Margaret Wilson，*Descartes*（Boston：Routledge and Kegan Paul，1978），2。

② Clarke，*Descartes's Theory of Mind*，258.

的，尽管有错综复杂的不同论点，对我来说它也是神秘的。问题甚至不在科学议程上。研究生物体是如何实施整体肌肉运动计划的，比方说伸手从桌上拿水杯，已取得了很有价值的成果。但除了最简单的生物体和动机的特殊情景之外，甚至没有人提出为什么执行的是这个计划而不是其他计划，即使是视觉研究也是如此。认知神经科学家南希·坎维舍（Nancy Kanwisher）和保罗·唐宁（Paul Downing）评论了赫尔曼·冯·亥姆霍兹[①] 1850 年提出的一个问题的研究情况："即使不移动眼睛，我们也可以随意将注意力集中在不同客体上，获得相同视野里非常不同的感知体验。"短语"随意"指向一个超越严肃实证研究的领域：一个对牛顿来说终生都是奥秘的领域，他终生不断寻找隐藏于所有物体中的某种"微妙精神"，这种精神也许能不"荒谬"地说明它们的引力和斥力属性，以及光的本质和影响，知觉以及"动物的身体按意愿行动"的方式——所有这些对牛顿来说都是同种类型的奥秘，甚至有可能超越我们的理解能力。[②]

近年来，把意识问题描述为"难题"已经成为标准做法，其他问题则在我们的掌握之中，或已有研究，或正在研究。我认为有理由提出某种疑问，尤其是如果我们意识到，超越大自然的最简单系统之后，我们的理解力是何等贫乏，那就更有理

---

① 赫尔曼·冯·亥姆霍兹（Herman von Helmholtz，1821—1894），德国物理学家、生理学家、医生。编注。

② Nancy Kanwisher and Paul Downing，"Separating the Wheat from the Chaff，" *Science*，October 2，1998，57 - 58；Newton，General Scholium.

由质疑了。谨举几例予以说明。埃里克·坎德尔（Eric Kandel）和拉里·斯夸尔（Larry Squire）对旨在“打破大脑和心智研究的科学障碍”的研究现状有篇评论，其结论说：“更高级认知过程的神经科学还仅仅是开始。”[①] 查尔斯·加利斯特尔（Charles Gallistel）指出，“我们显然不明白神经系统是如何运算的”，甚至不明白哪怕是用于“对任何运算都是基础的算术和逻辑小集”的“运算能力的基础”。谈到昆虫杰出的运算能力时，他的结论是，如果因为“我们至今无法理解细胞和分子层面的神经系统是如何运算的”，就假设神经系统没有复杂的符号运算，那就错了……“我们不知道哪些过程属于神经系统的基本指令集，即内置于任何运算装置硬件中适合数量的基本操作”。[②] 森马·泽基（Semir Zeki）对大脑科学最终甚至有可能影响视觉艺术创造力这一前景持乐观态度，但他提醒我们“大脑如何组合特定细胞的反应，来指示一条连续的垂直线，这是神经病学尚未解决的一个谜”，甚至一条线是如何与其他线，或如何与视觉环境区分开来的也仍是一个谜。基本的传统问题甚至尚未提上研究议程，哪怕是有可能在解决范围

① Eric R. Kandel and Larry R. Squire, “Neuroscience,” *Science*, November 10, 2000, 1113 - 20.

② Charles R. Gallistel, “Neurons and Memory,” in *Conversations in the Cognitive Neurosciences*, ed. Michael S. Gazzaniga (Cambridge, Mass.: MIT Press, 1997), 71 - 89; Gallistel, “Symbolic Processes in the Insect Brain,” in *An Invitation to Cognitive Science*, vol. 4, *Methods, Models, and Conceptual Issues*, ed. Don Scarborough and Saul Sternberg, 2nd ed. (Cambridge, Mass.: MIT Press, 1998), 1 - 51.

内的简单问题也仍然令人困惑。[①]

人们通常断言“心理是更高层次的神经生理学”。这种想法有道理，但目前这只是一个研究指南，我们对“神经生理学”最终会发展到什么状态还没有太多信心。同样，如果认为“从经验上来看，意识状态显然是神经元活动的必然结果”，则为时过早。我们对大脑功能是如何运作的还了解太少。[②]

历史也提示我们要谨慎。在现代科学早期，运动的本质是一个“难题”。威廉·佩蒂[③]爵士指出，“弹跳或弹性运动”是“哲学的难题”，他提出的想法很接近牛顿不久后提出的但更丰富的想法。用罗伯特·波义耳的话来说，“难题”是，对我们感官而言似乎是静止的物体其实处于“剧动”状态，“极力想飞走或相互摆脱”。他认为，这个问题与重力的“原因和本质”问题一样晦涩难懂，这就支持了他信奉的“明智的作者或事物的处置者”理念。就连持怀疑论的牛顿信徒伏尔泰也认为，即便没有任何迹象表明“有一个上帝提供了运动”给物质，人类也有“产生运动”的能力。而“我们迄今还远远无法想象物质是什么”，所以我们甚至不知道宇宙中是否有“固体物质”存在。洛克将“物质与物质之间以我无法理解的方式产生的引

---

① Semir Zeki, “Art and the Brain,” *Daedalus* 127, no. 2 (1998): 71 - 104.

② Nagel, “Searle,” 106. 关于“在神经系统与其他生物体之间明显的逻辑分离”的问题，见 Charles Rockland, “The Nematode as a Model Complex System” (working paper [LIDS - WP - 1865], Laboratory for Information and Decisions Systems, MIT, April 14, 1989), 30。

③ 威廉·佩蒂（William Petty，1623—1687），英国古典政治经济学之父，统计学创始人。编注。

力”归结于神的双手。康德重新描述了这个“难题”，认为牛顿为了得出自己的结论，被迫策略地“假定所有物质仅仅是作为物质和出于其本性都行使这一（普遍引力的）原动力”。因为这一假设的摒弃，他使自己陷入了“与自己不一致”的矛盾之中。因此，牛顿像他自己宣称的一样，并没有真正给“物理学家们充分的自由来按他们认为好的方式解释引力的可能性，仍没有避免将他的主张与他们的假设混合起来”。相反，“物质概念仅仅只是被还原成了简单的运动力……对一切物质都很关键的引力是一物质对另一物质跨越空间的瞬间行为”，这是17世纪的科学伟人们，用洛克的话来说，“包括伟大的惠更斯和无与伦比的牛顿先生等大师”，都会憎恨的观念。[①]

时代的“难题”没有解决，它可以说是被放弃了，因为随着时间的推移，科学转向了更谦和的后牛顿时期。弗里德里

---

① John Henry, “Occult Qualities and the Experimental Philosophy: Active Principles in Pre-Newtonian Matter Theory,” *History of Science* 24 (1986): 335-81; Alan Kors, “The Atheism of D' Holbach and Naigeon,” in *Atheism from the Reformation to the Enlightenment*, ed. Michael Hunger and David Wootton (Oxford: Clarendon Press, 1992), 273-300; Locke, *Essay Concerning Human Understanding*; Yolton, *Thinking Matter*, 199. 关于伏尔泰和康德，见 McMullin, *Newton on Matter and Activity*, 113, 122-23 (from Kant, *Metaphysical Foundations of Natural Science* [1786]); Michael Friedman, “Kant and Newton: Why Gravity Is Essential to Matter,” in *Philosophical Perspectives on Newtonian Science*, ed. Phillip Bricker and R. I. G. Hughes (Cambridge, Mass.: MIT Press, 1990), 185-202; and Howard Stein, “On Locke, ‘the Great Huygenius, and the Incomparable Mr. Newton,’ ” in ibid., 17-48。弗里德曼认为，牛顿与康德之间没有矛盾，因为他们说的 essential 各有所指，康德否定了牛顿的形而上学，在前者的形而上学的哥白尼革命中很强调认识论。

希·朗格[①]在其经典的19世纪唯物主义史中认为，我们已经

> 非常习惯了力的抽象概念，更确切地说，习惯了在抽象理解与具体理解之间的神秘模糊中徘徊的概念，于是我们不再觉得难以使一个物质粒子在没有直接施加力……没有物质联系，通过空间……就对另一个物质粒子产生作用。17世纪的伟大数学家和物理学家远远脱离了这些看法。他们一直都是古代唯物论意义上的真正唯物论者，他们认为直接施加力是产生影响的条件。

随着时间推移而来的这种转变是“整个唯物主义历史上最重要的转折点之一”，如果说有意义，那就是极大削弱了该理论的意义。牛顿不仅与他同时期伟大的科学家们看法一致，“将当时流行的**超距作用**理论……不由分说地斥为荒谬，而且还在1717年第二版《光学》的前言中，觉得自己有义务明确反对其追随者们的看法，他们“甚至宣称重力是物质的基本力量”，不需要“根据无法预计的粒子发生的相撞作出进一步的机械论诠释”。朗格得出的结论是：“历史进程已经排除了这一（极度困扰）牛顿的未知物质原因，将数学定律纳入了物理原因之列。”于是“在牛顿眼里的大荒谬，没有哲学思想家能解释的，

① 弗里德里希·朗格（Friedrich Albert Lange，1828—1875），德国新康德主义哲学家和社会主义者。编注。

却被后代奉为了牛顿关于宇宙和谐的伟大发现！”[①]。这类结论在科学史上非常普遍。五十年前，亚历山大·柯瓦雷（Alexandre Koyré）指出，尽管牛顿不愿意接受这个结论，他已经证明，“依靠纯粹的唯物论模式来诠释大自然是完全不可能的，依靠纯粹的唯物论物理学或机械论物理学，比如卢克莱修或笛卡尔的物理学，也是完全不可能的”；按他的数学物理要求，我们必须通过自己的观察以及基于这些观察得出的结论，将“由经验主义强加于我们的不可理解和难以解释的‘事实’纳入科学体系”[②]。

“唯物论在17、18世纪作为一种哲学兴起，要归因于现代科学的诞生，但在现实中，唯物论作为一个可行的概念却已从科学话语中被剔除”，因为机械论哲学业已衰落。[③] 乔治·柯尼[④]将这一现象描述为“悖论式”。此外，吉尔伯特·赖尔对“机器中的幽灵”嘲讽的影响相对于他对笛卡尔概念演绎的准确性也像一种悖论。牛顿驱除的是机器，幽灵完好无损。唯物论者的“难题”消失了，对笛卡尔、牛顿、洛克和其他领军人

---

① Friedrich Lange, *Geschichte des Materialismus und Kritik seiner Bedeutung in der Gegenwart* (1865), 3rd expanded ed. translated as *The History of Materialism and Criticism of Its Present Importance* (London: Kegan Paul, Trench, Trubner, 1925).

② Alexandre Koyré, *From the Closed World to the Infinite Universe* (Baltimore: Johns Hopkins University Press, 1958), 210.

③ George V. Coyne, "The Scientific Venture and Materialism: False Premises," in *Space or Spaces as Paradigms of Mental Categories* (Milan: Fondazione Carlo Erba, 2000), 7-19.

④ 乔治·柯尼（George Coyne，1933—2020），美国天体物理学家。编注。

物同样神秘的其他“难题”研究却几乎没有什么明显进展。

朗格1925年出版的《唯物主义史》英文第三版有较多的扩充，伯特兰·罗素为之写了序言，之后不久罗素就出版了《物的分析》。在提出他的中立一元论时，罗素进一步发展了17、18世纪关于物质的怀疑主义，以及对思维物质的可能性（或某种必要性）的认可。他认为，“有三个等级的确定性，最高等级属于我自己的感知，第二等级是别人的感知，第三等级是事件，这不是任何人的感知”，这是在努力理解感知到的事物的过程中，构建心智结构。他因此总结道：“一个物质是由（这类）事件组成的逻辑结构。”我们对这种心理结构存在物的“内在特征”一无所知，所以认为“感知不能成为物理事件”的看法是没有根据的。科学要具有信息性，就不能局限于这种逻辑特质的结构性知识。相反，“在某种意义上说，（我们建构的）物理世界必须在某种意义上与我们感知到的世界有连续性，因为是后者为物理定律提供了证据”。这个任务必备的那些感知——阿瑟·爱丁顿①前不久提出，也许就像咪表的读数——所具备的内在特点都是“物理事件都有的内在特点，因为我们所知道的任何内在特点都与物理学赋予物理事件的逻辑特质兼容”。因此，“所谓‘心理’活动……是物理世界物质的一部分”。物理学本身只是寻求发现“世界的因果关系构架，（同时只研究）感知的认知方面，其他方面则在物理学研究视野之外”——但事实上，

① 阿瑟·爱丁顿（Arthur Eddington，1882—1944），英国天体物理学家兼数学家，第一个用英语宣讲了相对论。编注。

我们有最大的把握识别出它们的存在。[①]

这个基本的难题使我们回想起智识与感官之间的一段经典对话。智识说："色彩、甜蜜及其他类似物都只是惯例(convention)，现实中只有原子和虚空。"感官回答说："扭曲的智识，你从我们这里得到证据，然后凭这些证据又来推翻我们？你的胜利本身就是你的失败。"[②]

为了说明他的结论，罗素要我们设想一个盲人物理学家，他懂得物理学的全部知识，但是不具备"（视力正常）人所了解的知识"，比方说关于蓝色的颜色特征。丹尼尔·斯托尔查(Daniel Stoljar）和尤金·长泽雅美（Yujin Nagasawa）在谈论相关问题时，称之为"知识直觉"，以区别"知识论点"。正如弗兰克·杰克逊（Frank Jackson）在重举罗素的例证时所说：在这种情况下，物理学家（玛丽）"只待在一个黑白房间里，学到了关于世界物理本质的一切"，但是一旦出了房间，"就会明白看到红颜色时是什么感觉"。[③]

大量文献寻求避开这个论点。其中一个普遍但有争论的看

---

① 罗素《物的分析》(*Analysis of Matter*）第37章。罗素没有研究出知觉在认知方面是如何被吸收进"世界的因果框架"的，这给马克斯·纽曼留下了提出反驳论点的空间（Russell to Newman，April 24，1928，in *The Autobiography of Bertrand Russell*，vol. 2，1914 - 1944 [Boston：Little Brown，1967]）。

② Democritus，引自 Erwin Schrödinger，*Nature and the Greeks*(Cambridge：Cambridge University Press，1954)，89。本条文献应该感谢 Jean Bricmont。

③ Daniel Stoljar and Yujin Nagasawa，"Introduction，" in *There's Something About Mary：Essays on Phenomenal Consciousness and Frank Jackson's Knowledge Argument*，ed. Peter Ludlow，Yujin Nagasawa，and Daniel Stoljar (Cambridge，Mass.：MIT Press，2004)，1 - 36.

法是，玛丽缺乏的不是我们具备的世界知识，而是一系列能力，一种“专门技巧”。这种看法似乎无甚帮助。一方面，在“专门技巧”中包含一种不能还原的认知要素，它是超越能力的；另一方面则与休谟讨论过的与道德判断相关的各种原因有关。他说，既然它们在范围上没有限制，能应用于所有新的情境，那么它们必然建立在有限的普遍原则之上（尽管超越了与动物共有的“原始本能”，这是我们本性的一部分）。我们具备而玛丽缺乏的知识不属于专门技巧/一般知识的二元之分：而是有关……的知识——有关规则和原则的知识，能形成无限的使人适当行动的能力。所有这些大部分是无意识的，是意识接触不到的，就像语言规则、视觉或各类知识一样。这种结论已作为原则问题被维拉德·冯·奥曼·奎因、约翰·塞尔，以及许多其他人否定，但是我认为他们的反对不足以令人信服，甚至还缺乏连贯性。①

① 关于休谟，见 John Mikhail，“Rawls’ Linguistic Analogy：A Study of the ‘Generative Grammar’ Model of Moral Theory Described” by John Rawls in *A Theory of Justice*（Ph. D. diss.，Cornell University，2000）；Mikhail，*Elements of Moral Cognition：Rawls’ Linguistic Analogy and the Cognitive Science of Moral and Legal Judgment*（Cambridge：Cambridge University Press，2011）；and Mikhail，“Universal Moral Grammar：Theory，Evidence，and the Future，” *Trends in Cognitive Sciences* 11，no. 4（2007）：143－52。关于“意识可接近”的无关性（就其表述的形态而言，即使不具连贯性），见 Noam Chomsky，*Reflections on Language*（New York：Pantheon，1975）；Chomsky，*Rules and Representations*（New York：Columbia University Press，1980）；and Chomsky，*New Horizons in the Study of Language and Mind*（Cambridge：Cambridge University Press，2000）。关于视觉感知的规则，及其在有趣例证中对意识的不可接近性，见 Donald D. Hoffman，*Visual Intelligence：How We Create What We See*（New York：Norton，1998）。

罗素的知识直觉使他得出的结论是，物理学是有局限的：一般而言，经验属于不涉认知的物理学视野之外，但认知提供经验的佐证，所以尽管经验伴随其他的心理事件，但经验是“物理世界物质的一部分”，这似乎等于在说它是“世界的一部分”。罗素认为，我们“对物理学的阐释还必须考虑到合适的感知角度”，否则物理学就没有经验基础。杰克逊根据知识论点得出的结论是：“物理主义是虚假的。”或者，用后来的话说就是，“唯物主义作为一种形而上学的学说”必须融合“关于我们这个世界的心理叙事”才是完整合理的；“这个用纯粹物理术语讲述的关于这个世界的故事，（必须）能使人推断出心理状态的现象学本质”。[①] 可是，直到提出了某种明确的物理主义/唯物论概念，这种看法才显现其实际内容。古典的诠释消失了，身体、物质和物理的概念几乎仅仅是一种尊称，表达某一特定的时候，不同程度地被模糊理解的事物。其范围灵活多变，不保证其范围甚至是关键部分今后不会有重大的修改。如果是这样，知识论点（对罗素来说）就只是说明，人为构建的物理学是有局限性的，或者说玛丽并不懂得全部物理学（她没有从埃丁顿的咪表读数中得出正确的结论）。

要恢复类似“心—身问题”这样的命题，就必须采用某种后牛顿的方式来概括**物理主义**（**物质**等）的特点。或者说，即使摒弃那些概念，这样的问题仍然会产生。两条途径都有人尝试过，而我仍回到现在的例证。另外一个可选途径是抛开心—

---

① Frank Jackson, “What Mary Didn't Know” and “Postscript,” in *There's Something About Mary*, ed. Ludlow, Nagasawa, and Stoljar, xv - xix, 410 - 42.

身问题，把知识直觉/论点作为一个自然科学问题来研究。换句话来表达罗素的思维实验，我们可能会说，就像所有动物一样，我们也有内在能力，能本能地为自己提供生态学者所说的环境，即经验世界，这一世界对我们的意义与对蜜蜂的意义是不同的——事实上，对人类自己也各不相同，全在于如何理解。这就是为什么放射学会成为一个医学专业的原因。伽利略通过他的简陋望远镜观察到了木星的好几个卫星，可是他试图说服的那些人却只看到放大了的天体，将他的望远镜视为戏法道具（如果保罗·费耶阿本德[①]描述的历史是正确的）。从比较初始的感性经验层面来说，我听到的噪音在我十几岁的孙子听来却是音乐。类似的现象很普遍。

人类作为能反思的造物，不同于其他造物，我们不断努力争取更深刻理解经验中的现象。这些努力分别被称为神话、魔术、哲学，或科学。它们不仅揭示了因为多种因素的相互作用，经验世界本身是高度精巧和多变的，而且还揭示了直觉常识提供的阐释模式经不住分析，所以科学的目标必须采取后牛顿科学认可的方式予以降低。从这一观点来看，没有从第三人称角度来看是客观的科学，只有多种多样的第一人称角度，通过勤奋探索，互相配合，在人与人之间获得足够的契合度，从而达到高度的一致。作为不但能反思也很好奇的造物，如果在某个领域我们在理论上能达到一定程度的理解，我们就尝试将其与其他分支的研究结合，还原是一种可能，但不是唯一的

① 保罗·费耶阿本德（Paul Feyerabend，1924—1994），奥地利裔美籍科学哲学家。代表作《反对方法》。编注。

可能。

可以预见，我们的探讨可能失败，原因之一是，我们共享的基本理解和阐释能力是有局限的——这本是一条公理，但往往被人草率地讥讽为“神秘主义”，但其中不包括笛卡尔和休谟等人。其原因有可能是，这些天赋认知能力并不引导我们超越对罗素的世界因果关系框架的理解（但是足以在这一心理结构中理解感知和融合证据）。至于能取得多大成效，则是一个开放性的问题。原则上，局限性有可能提供诸多实证研究的专题，探讨另一“心理器官”，也就是我们可以称为“科学构成能力”的本质。这些都是有趣的话题，但是涉及的问题不同于传统的心—身问题，心—身问题在牛顿之后已经消失，也不同于世界的心理方面，包括直接经验，是如何与大脑关联的，这是科学领域产生的合一问题之一。

要言之，如果我们是生物有机体而不是天使，那么我们努力要理解的事物很多就有可能超出认知能力——也许对任何事物的理解而言，这一点都是对的。这是伽利略的结论，牛顿也间接表达过这个意思。认知能力是有局限性的，这不仅是公理，也是幸运之理：如果人类的智慧没有局限性，就会缺乏内在结构，就会漫无边际：我们的探索就会一无所获。查尔斯·皮尔士在讨论天赋的必要性时将各个要点表达得非常清楚，即要获得知识，就得“为可接受假设设置局限”[①]。同样的道理，如果受精卵没有进一步的基因指示限制其发展通道，它至多只会长成一个单纯按物理定律形成的造物，如同一片雪花，毫无其他价值。

我们不妨把自然科学看作一种偶然的融合，人的认知能力与多少是真实的自然世界的融合。没有理由相信人类可以解决自己提出的每一个问题，甚至未必能提出合适的问题，也许这只是缺乏概念工具，就像老鼠走不出素数迷宫一样。

罗素的普遍性结论在我看来选对了方向。我认为只需去掉“物质”和“物理的”这两个词就可以改进这个表述。自从牛顿革命以来，我们谈论“物理的”世界时就好像在谈“真实的”真理一样：起了强调作用，但是没有任何充实。我们可以区分世界形形色色的方面，例如化学的、电气的、经验的以及其他——然后进而探讨其基本原则以及它们与其他系统的关系，即统一的问题。

假设我们采用牛顿之后被认可的，而非之前的“温和版怀疑主义”，对于心智理论来说，这意味着听从了伽桑狄在《对笛卡尔〈沉思〉的诘难》中提出的建议。他主张，笛卡尔最多表示了他已“察觉到心智的存在，（但是）没有揭示其本质”。我们认为有必要也愿意尝试通过调查，探讨其构成和决定其功

---

① Charles S. Peirce, “The Logic of Abduction,” in *Essays in the Philosophy of Science*, ed. V. Tomas (New York: Liberal Arts Press, 1957). 关于对皮尔士观点的讨论，以及他借用自然选择论的相关谬误，见乔姆斯基《语言与心智》(*Language and Mind*) 第 90 页。皮尔士的这些谬误导致他无端（不合情理地）认为是我们的“猜测本能”引导我们找到真实理论。

能的规律，来发现“葡萄酒要优于醋这一概念”。同样道理，他敦促笛卡尔说，“你有义务通过类似化学分析般的方法检查自己，由此可以确定并向我们展示你的内在存在物”[①] ——其他则可以如此类推。

心智理论和其他科学分支一样，也可以采取多种方式探讨，瞄准最终的一致目标，无论采取什么形式，只要有都可以用。休谟在探讨他称之为“人性科学”时就是这么做的，他寻求“激发人类心智运作的秘密源泉和原则”，包括那些我们源于“自然的初始之手”的“某些知识”，他将这一研究与牛顿的研究相提并论，基本上相当于当代文献中所称的“哲学的归化”或“归化的认识论”。其实，伽桑狄推荐的途径在17世纪的“认知革命”中，就已为英国新柏拉图主义者和大陆语言和心灵哲学家所用，近几年更是注入了新的活力。但是这个问题在此不赘述。[②]

化学明显依循了这一条途径。18世纪化学家约瑟夫·布莱克（Joseph Black）曾建议说：“若将化学亲和力作为第一原则接受，我们对其所作的解释，充其量不会超过牛顿对重力的解释。那么我们姑且不急于对亲和力的定律作解释，待确立了一套理论体系之后再来对其作出解释，就像牛顿确立了关于重

---

① 转引自 Wilson，*Descartes*，95。

② David Hume，*An Inquiry Concerning Human Understanding*（1772），vol.2.1.哲学与科学分开前有过一个比较合理也比较清楚的相关研究，现代有些人曾尝试性地想予以表述。见 Chomsky，*New Horizons in the Study of Language and Mind*，79－80，144－45，and generally chaps. 5 and 6（reprinted from *Mind* 104［1995］：1－61）。

力定律的理论体系后再对重力作出解释一样。”离“第一原则知识还有很远”的化学科学应该“像牛顿《光学》一样，通过可分析的步骤，在分析引导的最后阶段获取普遍原则的形式，作为对分析和推导的犒赏”。他概括的过程是实际遵循的过程，因为化学已有一套丰富的理论，化学史学家阿诺德·萨克雷（Arnold Thackray）说，其“胜利……不是建立在还原论的基础上，而是独立于新兴物理科学而取得的”。牛顿和他的追随者们确实尝试过“努力揭示控制所有化学行为的一般数学定律，这是一项名副其实的牛顿理论和还原主义的任务”，还试图构建一个化学机理的科学原理体系，这一体系是基于物理学和“物质的最终永久粒子”之间相互作用的概念。萨克雷继续说，但牛顿派的方案因约翰·道尔顿[①]的“化学单位权重量化的惊人成功”而有所弱化，从而将“化学家相互间的哲学辩论整个区域从**化学机理**区域（**为什么**会反应）转移到化学单位区域（**是什么**？**有多少**？）”，这种理论“拒绝物质统一体和排斥短程力量，是极端反物理主义派和反新牛顿派的”。道尔顿的想法在化学上是成功的，因此他们受到了历史的尊敬，而牛顿派的还原主义纲领则不同，他们在哲学上也许不是那么成功，但是更连贯。[②]

---

① 约翰·道尔顿（John Dalton，1766—1844），英国物理学家兼化学家，近代原子理论提出者。编注。

② 关于约瑟夫·布莱克，见 Robert E. Schofield，*Mechanism and Materialism*：*British Natural Philosophy in an Age of Reason*（Princeton，N. J.：Princeton University Press，1970），226；William Brock，*The Norton History of Chemistry*（New York：Norton，1993），271；and Arnold Thackray，*Atoms and Powers*（Cambridge，Mass.：Harvard University Press，1970），37－38，276－77。

如果采用现代术语，我们也许可以说，道尔顿忽略了基础物理，所以不重视物理与化学之间的解释性差距，就像后牛顿派物理学家忽略了（在这种情况下是拒绝）机械论哲学，从而不重视牛顿力学与机械论哲学之间的解释性差距一样，而这种差距在常识性理解上是不言而喻的。从那以后，科学往往沿着这样的进程发展，其间不是没有争议，也不是没有尖锐批评，人们经常事后才认识到，先前被严重误导了。直到 20 世纪，杰出科学家们把化学还原到物理学的失败判定为一个极端重要的解释性差距。用威廉·布洛克（William Brock）的标准历史语言来说，化学提供的“仅仅只是分类符号，总结了观察到的反应过程”。奥古斯特·凯库勒（August Kekulé）的结构化学是化学与物理学最终统一的重要一步，他怀疑“究竟能不能给出有机分子的绝对构造”。他的化合价模型和分析作为运算方法，只会提供一个辅助性的解释。在他之前的安托万·拉瓦锡相信：“元素的数量和性质是一个无法解决的问题，能够提供无穷无尽的解决方案，而这些解决方案无一是符合大自然的。”“我们极有可能……对构成物质的不可分割的原子一无所知”，而且他相信，永远也不会知道。凯库勒似乎是在说，没有一个要解决的问题；无论结构式是否有用，问题都不会有真相。物理学的大部分都是以同样方式理解的。亨利·庞加莱甚至说，我们采用气体分子理论，只是因为我们熟悉台球游戏。为路德维希·玻尔兹曼[①]写传记的科学传记作家推测说，他自

① 路德维希·玻尔兹曼（Ludwig Boltzmann，1844—1906），奥地利物理学家兼哲学家，阐释了热力学第二定律。编注。

杀是因为他没有说服科学界，不要将他对这些问题的理论说明仅仅看作一个计算系统。具有讽刺意味的是，他的自杀发生在爱因斯坦对布朗运动的研究后不久，也是诸多涉及更多领域的问题使物理学家们相信了他提出的存在物现状之后不久。尼尔·波尔的原子模型也被杰出科学家们视为缺乏“物理现实”。20 世纪 20 年代，美国首位诺贝尔化学奖获得者将他人关于化学键的真实本质的谈话斥为形而上学的“废话”：它们只不过是“一种非常粗糙的方法，用于表现化学反应的某些已知事实”，就因为这个概念不能还原为物理学。几位顶尖科学家拒绝了那种怀疑主义，他们的观点在当时被谴责为概念上的荒谬，但他们的观点，包括七十年前莱纳斯·鲍林[①]对化学键的量子理论解释，为化学和物理最终统一铺垫了道路。[②]

1927 年，罗素提出化学定律“目前不能还原为物理定律”[③]。这一说法被发现有误导性：“目前”这个词其实是说得太客气了。化学定律永远都不可能还原为物理定律，因为物理

---

① 莱纳斯·鲍林（Linus Carl Pauling，1901—1994），美国化学家，1954 年诺贝尔化学奖及 1962 年诺贝尔和平奖得主。编注。

② Brock，*Norton History of Chemistry*. 关于文献和进一步的讨论，见 Chomsky，*New Horizons in the Study of Language and Mind*；Noam Chomsky，*Knowledge of Language：Its Nature，Origins，and Use*（New York：Praeger，1986），251 - 52；and David Lindley，*Boltzmann's Atom：The Great Debate That Launched a Revolution in Physics*（New York：Free Press，2001）。有人认为，即使量子理论成功合一了，“在某种意义上，化学还原为（新）物理的方案也是失败的”。其部分原因在于“有些棘手的问题”。（Maureen Christie and John Christie，“‘Laws’ and ‘Theories’ in Chemistry Do Not Obey the Rules，” in *Of Minds and Molecules：New Philosophical Perspectives on Chemistry*，ed. Nalin Bhushan and Stuart Rosenfield［Oxford：Oxford University Press，2000］，34 - 50.）

③ Russell，*Analysis of Matter*，388.

定律这个概念是错误的。感知到的解释性差距从来没有消除过。而且，仍有必要将“关于世界的可想象性”和“可理解性”这一概念纳入不相干的概念之列，而要采取属于方法论上自然主义的温和怀疑主义：努力增长我们的知识，同时对还原的可能性持开放态度。

当代关于语言和心智的讨论既有明白无误的同类成果，也有可以吸取的教训。诸如昆虫的符号表征、运动行为的组织、哺乳动物视觉、人类语言、伦理判断以及其他主题的研究，无一不被强烈建议采取约瑟夫·布莱克的对策。如果这些研究能成功提出一套“理论体系”说明昆虫导航要素，或说明将图像运动解释为（如果其他规则允许的话）三维刚体运动的规则，或说明语言位移操作是遵循定域性原理的，等等，那就应该被视为正常的科学，即使没有实现与神经生理学的合一——并且可能因为种种原因将来也不会实现。其中，原来预料中的“还原基础”其实是被误解了，必须修改。不用说，现在的大脑科学不如一个世纪前的基础物理那么成熟，也不如牛顿时代的机械论哲学成熟。坚持意识具有可接触性的信条毫无意义：即使能用清晰连贯的语言表述，它们也与刚性原则或局部条件的“物理现实”无甚关系。我们现在应该已经足够明白了，理论阐释仅仅是一种表现方式，表现“某些已知事实（行为），一种表现模式”—— 这是普遍针对更高级心理机能理论的批评，虽然不是昆虫运算，也为语言和心智的批判性研究中极为盛行的、方法论上的二元论提供了又一说明。[①]

虽然随着传统物理主义的崩溃，有些早期的见解不再以其为基础，现在它们的重新出现对我们也不无启示。因此，我们今天能读到新生物学这样的论点："心理上的事物，也就是思想，是大脑的自然属性，（尽管）这些属性的出现是……由我们尚不理解……的原则引起的。"这是神经科学家弗农·芒卡斯尔在概括一本论文集的主导论题时说的，论文集评述了20世纪末大脑研究的十年成果。"我们尚不理解"这种说法的命运，很可能重蹈罗素七十年前对化学的说法之覆辙。许多其他著名科学家和哲学家都提出过基本相同的主题，作为新生物学"惊人的假设"，心灵哲学中一个"激进"的新思想，"心理现象完全是自然的，是大脑神经生理活动造成的"这一大胆断言开启了新颖而有前途的探讨，拒绝了笛卡尔的心—身二元论等诸如此类的论点。[②] 事实上，在传统的心—身问题随着身体（物理的、物质的，等等）这一唯一连贯的观念消失而变得无法表述之后，人们几乎用同样的语言重申几个世纪前的表述——例如，普利斯特里的结论是，被"称为心理"的特性不

---

① 有时候，误解和歪曲达到了离奇的程度。有些令人震惊的例证可见 Noam Chomsky, "Symposium on Margaret Boden, Mind as Machine: A History of Cognitive Science, Oxford, 2006," *Artificial Intelligence* 171 (2007): 1094 - 1103. On "the rigidity rule and [Shimon] Ullman's theorem," see Hoffman, *Visual Intelligence*, 159。不用说，意识是无法理解规则的。

② Vernon B. Mountcastle, "Brain Science at the Century's Ebb," in "The Brain," special issue, *Dædalus* 127, no. 2 (1998): 1. For sources, see Chomsky, *New Horizons in the Study of Language and Mind*, chap. 5.

知如何还原成“大脑的有机结构”，[①] 只不过在休谟、达尔文等人手里，用了不同的词语而已，而这在机械论哲学崩溃之后似乎是不可避免的。

普利斯特里的重要研究意味着对洛克假设长达百年的反思达到了巅峰，取得了最为全面的进展。[②] 他明确表示，他关于思维物质的结论，正是在**身体**，或**物质**、**物理的**观念崩溃之后才形成的：

> 牛顿哲学的原理刚为人所知，人们就发现，比较而言，由固体物质所产生的大自然现象少到了何等程度，而人们认为只伴随和围绕物质固体部分的各种力所致的现象又多到何等程度……现在看来，固态与整个系统的关系明显不大，令人大为惊奇的是，哲学家们以前竟然没有想到……自然界可能并不存在这种事。

普利斯特里的结论是，没有任何理由再认为“思维或感觉原则与物质不具兼容性”了。因此，“基于这一假设，主张人类思维具有非物质性的原则这一论点就整个站不住脚了；物质不具

---

① Joseph Priestley, "Materialism," from *Disquisitions Relating to Matter and Spirit* (1777), in *Priestley's Writings on Philosophy, Science, and Politics*, ed. John Passmore (New York: Collier-Macmillan, 1965).

② 在牛顿前时代出现过类似的看法，特别可见于《对笛卡尔〈沉思〉的诘难》，书中批评家们问，“没有神谕”笛卡尔怎么能知道“……上帝没有赋予某些人怀疑、思维等能力或特质”。(Catherine Wilson, "Commentary on Galen Strawson," in Strawson et al., *Consciousness and Its Place in Nature*, 178.)

备我们称之为固态的特质，与感知和思维并非不兼容，正如我们习惯称之为非物质的实体与感觉和思维也并非不兼容一样。对于实体，我们除了称之为非物质，没有更多的了解”。感觉、感知和思维的力量存在于“物质的某种有组织的系统中，（而且）有必要存在，并依靠这样一个系统”。的确，“对于什么是感知的力量，我们的认识还非常不完善”，而且对之我们可能永远也无法获得“清晰的认识”。但“正是这种无知应该使我们在判断是否还有其他属性与这种力量同时存在时要小心谨慎”。任何人只有“对感觉和思维的本质有一准确和明确的了解，才有资格确定它们是否属于扩展意义上的实体，也具有引力和排斥力属性”。我们的无知并不等于允许我们假设感觉和思维与后牛顿理论上的物质具有不兼容性。“事实上，可以根据同样理由得出的结论是，感觉和思维的力量是某一特定组织的必然结果，正如声音是某处空气震荡的结果一样。”在稍后的讨论中，“在我看来，可以根据同样理由得出的结论是，说大脑是**思维**的，就如同说大脑是**白色**的、**柔软**的一样”。①

既然结论是直接来自“普遍接受的哲理分析规则，包括艾萨克·牛顿爵士制定的类似规则”，普利斯特里于是批评洛克在提出对思维物质的推测时不应该犹豫不决，他呼吁我们摒弃方法论上的二元论，因为二元论阻止我们将“探讨自然事件根

---

① Priestley，“Materialism.”进一步的讨论，见 Yolton，*Thinking Matter*，113。朱利安·欧弗雷·德·拉美特利于一百年前已得出过类似结论，但是在不同框架内得出的，而且没有处理他打算回应的笛卡尔的论点。吉尔伯特·赖尔和其他当代研究也是类似情况。关于其中一些讨论，见 Chomsky，*Cartesian Linguistics*。

源时遵循的规则运用于思维和感觉”。他希望，“一旦清楚地指出这一点，我们在行动上的不一致就一定会警醒我们，并以此为手段”，引导哲学家将同样的准则像运用于其他领域一样，也运用于了解世界的心理方面。我觉得他的这个希望尚未实现。[①]

萨克雷写道，普利斯特里的态度很明确，他“但愿固体物质消失，从而终结物质—精神二元论”，这意味着再无任何理由质疑思维物质的论点。[②]用约翰·约尔顿[③]的话来说，普利斯特里的结论并“不是说一切都还原为物质，而是说，以两种实体观点为基础的那种物质并不存在”。而且，“根据这种改观的物质概念，就思维本质及其与大脑的关系提出问题的那种更传统的方式就不适合了。我们不能不考虑复杂的有组织的生物系统，其特质在传统信条中也许会被称作心理的和物理的”[④]。普利斯特里的结论基本上是爱丁顿和罗素得出过的结论，近年来尤其通过盖伦·斯特劳森和丹尼尔·斯托尔查的研究又有所发展，我们下面还会谈到他们采取的途径。

约尔顿回顾了“洛克建议”在18世纪英国的发展，他指出，“普利斯特里迷人的建议没有被采纳和扩充，人们甚至没

---

① 相关讨论和说明，见 Chomsky，*New Horizons in the Study of Language and Mind*。关于“hyperdualism”，见 Galen Strawson，“Realistic Monism：Why Physicalism Entails Panpsychism，” in Strawson et al.，*Consciousness and Its Place in Nature*，3－31。

② Thackray，*Atoms and Powers*，190. 萨克雷认为，普利斯特里欢迎“牛顿学派态度的极端发展”的理由主要是神学上的。

③ 约翰·约尔顿（John Yolton，1921—2005），美国哲学史学家。编注。

④ Yolton，*Thinking Matter*，114.

有认为它们与早期唯物论有何不同。洛克关于思维物质的建议引发的问题……在整个18世纪都受到了关注，尽管普利斯特里有过预示，却没有人系统表述过将人类视为一种实体这一新兴观点。”[①] 这个结论，即使是对简单的有机体而言，如果将其解释为统一的问题，那么大体上是确切的。

普利斯特里提出，一旦遵循了“牛顿哲学原则”，心—身问题就会消失，然后他转而面对该问题的重构研究，尽管重构问题中的身体（物质，等等）这个术语不再具有明确含义，但仍与心—身问题相似。他写道，首先是“很难想象思维怎么能从物质中产生……这是一个从我们的无知当中获取其全部力量的论点”，除非能证明这二者相互之间是“绝对不兼容的”，否则它们就没有力量。普利斯特里对无知引起的不安没有什么担心，我认为这是正常的。若以科学史上两个重要例证来说明，就好比科学家对物质和运动的神秘性质不可还原到机械论哲学也不会感到不安一样，或者在20世纪30年代之前，对无法将化学还原为不完善的物理学不会感到不安一样。

今天常见的反对意见是，这些观点采用了一种不可接受的“原子团的出现”形式，这与液体出现于分子不同，液体的特性在某种合理意义上可以被视为存在于分子中。用内格尔的话来说，“我们可以看到流动性是如何成为微观层面上‘相互缠绕滚动’分子的逻辑结果”，虽然就意识和“神经元而言，不

---

① 同前，125。相关讨论，见第5章和第6章。约尔顿写道：“英国没有拉美特利。”但我认为，他夸大了拉美特利的贡献。

会出现任何可比之物”[①]。盖伦·斯特劳森也将流动性视为一种范式，他多次主张，“出现”这一概念只有将其理解为“完全依赖”时，我们才能理解：如果“Y 的某部分或某方面（来自）其他地方”，那么我们不能说 Y 是“从 X 出现的”。只有非 Y 现象至少是“本质上**以某种方式适合**构成”X 现象，我们才能清楚明了地讨论从非 Y 现象出现的 Y 现象；X 与 Y“是如此适合”一定是因为“凭借了 X 的本质中的某一点”。“就事物的本质而论，出现的事物为什么是所出现的模样是没有理由的。所以，出现这一概念已预含有一条：出现不会是本能的。”这就是盖伦·斯特劳森的**无根基出现论**，他据此提出了泛心论的结论，即“经验现实不可能完全和全部出自非经验现实”。他强调的基本看法是：“如果 Y 确实是从 X 出现的，那么 Y 在某种意义上一定完全依赖 X，只依赖 X，所以 Y 的所有特征都能可理解地追溯到 X。”此处的“可理解的”是一个形而上学的而不是认识论的概念，意思是“对上帝来说是可理解的”：虽然我们可能无法获得解释，但从道理上来说，任何事情总得有个解释才行。[②]

看起来，普利斯特里似乎是一方面不附和内格尔的疑虑，另一方面认可盖伦·斯特劳森的表述，但没有得出泛心论的结

---

① Nagel, “O’Shaughnessy: The Will,” in *Other Minds*, 94.

② Strawson, “Realistic Monism” and “Panpsychism: Reply to Commentators with a Celebration of Descartes,” in Strawson et al., *Consciousness and Its Place in Nature*, 3 - 31, 184 - 280. 纠正了印刷错误（Strawson, pers. comm.）。关于进一步的讨论，见该卷的论文。

论。应该指出的是，常用的分子—液体例证并不是很有说服力。我们也无法想象液体会通过电解转化成两种气体，而且水、碱和酸的特性并非按直觉意义存在于氢或氧或其他原子之中。此外，无论是由牛顿和洛克发现不可思议的运动效应所引起的，还是由化学或心—脑关系的不可还原性原则所引起的，整个可想象性问题似乎并不相干。科学在经过长时间探索后发现，氢和氧的本质中有某种特点，“凭借这一点，它们与水的成分在本质上是相适应的”，同时还提供了“按事物本质，为什么出现的事物必然是所出现的模样”的原因。似乎是“本能的出现”作为普通的出现为科学所吸收——当然不是依赖可理解性，作为流动性一个变种吸收的。我看不出有什么充足的理由说明，为什么物质在经验和非经验的现实中一定要各有不同，特别是考虑到我们对非经验现实的无知。从牛顿、洛克直到普利斯特里都很强调这种无知，罗素进而加以发展，在最近的讨论中人们再次提出这一点。

普利斯特里接着考虑这种说法：心智“由于受到各种各样理由的影响，不可能是物质的”。对此他的答复是，既然“无论是什么理由，最终都会驱动物质，那么不妨想象它们之所以能驱动物质，是因为迎合了物质的某种材料偏好，这肯定要比假设它们之所以能驱动物质，是因为它们属于一种与该物质没有共性的材料更容易一些”。今天，人们不会这样表达观点，但这么说抓住了当代讨论泛心论的关键，这一关键导致有些人希望复兴泛心论。但是与当代这种复兴论相反的是，普利斯特里反对这样的结论：意识“不能作为一个系统并入整个大脑，同时构成大脑的单个粒子却分别都是无意识的”[①]。他提出：“一定数量的神经系统对属于人类心智的复杂观点和情感是必要的；自我这个观念，或者说对应于代词‘我’的情感，不一定就不同于其他复杂观念，例如我们的国家观念。”同样道理，这一点应该不会让我们感到困惑，就好像以下事实也不会让我们感到困惑一样：“生命应该是整个动物系统中的特征，而不是系统各独立部分的特征”，或者，声音不会是“产生于单一空气分子的运动”。我们应该认识到，“自我这个术语指一种实体，即特定情感和观念所在的位置，这些情感和观念汇集起来构成一个整体部分，有别于其他实体，即其他类似情感和观念所在的位置”，而且，“是放弃这些任意假设的时候了，我们应该根据心智机能以及物质的特质和力量，通过仔细观察事实以及基于事实的慎重推理来构建自己的结论”。同时，还要采取牛顿式的探讨方式，排除关于常识性、合理性的考虑。这似乎才是合理的立场。

普利斯特里敦促说，我们还应该摒弃基于“浅薄表达方式”和“浅薄理解”的论点，例如我说“我的身体”时，试图通过术语**我**（me）来标示世界的一个存在物，“我”是蕴含二元主义的。普利斯特里认为，“根据这种单纯的口头论点，人除了所有身体结构之外，应该有某种其他东西”，超越灵魂和身体的东西，就像“有人说我奉献我的灵魂和身体”，代词“我”在此说明还有超越身体和精神之物，正是此物“作出的

---

① Strawson，“Realistic Monism，”“Panpsychisms，”以及评论。

奉献”。用赖尔的话来说，常用词组有可能是“系统的误导性表达法”，这在当时是一个普遍关注的问题，其基础则是已有长达数个世纪传统的表面语法形式是如何掩盖实际意义的这一研究。如同普利斯特里一样，托马斯·里德（Thomas Reid）认为，不顾“心智的运作与这些运作对象之间的区别”是哲学错误的一大根源，就好比根据“我有一颗钻石”的模式来解释“我有一个想法”一样，后者其实应当理解为“我在思考”。在前面的讨论中，百科全书编撰者凯撒·切斯诺·杜·马尔赛（César Chesneau du Marsais）用了同样的例证以及许多其他例证，警告不要错把名词当作“独立于我们思维存在的真实物体的名字”。所以，语言并没有授权假设“观念”“概念”或“形象”等词语代表了“真实的客体”，更不代表“可以感知的客体”。[①] 基于类似的理由，普利斯特里认为“从‘我的身体’这类措辞肯定推断不出任何东西来，毕竟这不过是浅薄理解的衍生”。

抵制基于“浅薄理解”的论点，其必要性还具有更普遍的意义：它也适合于这类短语如“我的思想”“我的梦”“我的精神”，甚至“我的自我”。“我的自我”与“我自己”（=我，即使可以另有含义，如这些天来我可能不太舒服）是不同的。约翰考虑他自己时，他考虑的是约翰，但是他考虑他的这个自我

---

① Noam Chomsky, *Aspects of the Theory of Syntax* (Cambridge, Mass.: MIT Press, 1965), 199－200；更广泛的讨论参见 Chomsky, *Cartesian Linguistics*。关于里德和其他人观点中经验主义理论阐释的精确性，见 John Yolton, *Perceptual Acquaintance from Descartes to Reid* (Minneapolis: University of Minnesota Press, 1984), chap. 5。

时，他考虑的就不是约翰。他可以伤害自己，但不是他这个自我（无论这些奇特的存在物在我们的心理世界起什么作用）。说他的行为背叛了他的真实（真实的，以前的）自我与说他背叛了自己，二者是不同的。“你的本人”比较“你自己”，前者体现了更本质的特征。探讨这样多层面的问题一方面完全合理，也许还富有启发性，关注的是“心智的运作”，也就是我们的认知和思维模式，而不应该被误解为是关注“脱离思维独立存在的真实客体”。“真实客体”是自然科学关注的问题，我认为也是我们在此谈论的传统所关心的首要问题。

斯蒂芬·雅博洛（Stephen Yablo）提出，心智运作无疑包含了“我与我的身体不是同一的”这一主题，这是实体二元论的核心假设。[①] 他进一步指出，也许是“因为人们不再认为‘心智’是自主的存在物或‘实体’”，尽管“**自我**——我们所说的‘我’——肯定是存在物，实体二元论……从视野中奇怪地消失了，但将心—身二元论背后的意图解释为一种身体和自我的二元论，对该意图几乎没有任何损害”。在此处遵循的传统中，是**物质**失去了假定的地位，而且并不奇怪。正如刚刚提到的那样，还有一点也不清楚，即通过使用第一人称代词（如“我保证奉献我的身体和我的灵魂”）或使用“约翰”这个名字，我们指的是“自我”。且不论是真相还是虚假，都需要有个论点来说明，在使用这些词语时，我们指的是（甚至强迫自己指）独立于思维模式的这个世界的真实构成物。在我看来，

---

① Stephen Yablo, “The Real Distinction Between Mind and Body,” *Canadian Journal of Philosophy*, suppl. 16 (1990): 149 - 201.

更合理的一个选择是，这些话题不属于自然科学，而是属于民族科学的一个分支，研究人们如何看待世界，这是一个非常不同的领域。对于自然科学来说，似乎很难改进普利斯特里的结论：洛克的建议基本上是准确的，被“称为心理的”特质还原为“大脑的有机结构”——虽然我们并不理解其采取的方式，哪怕是想一想核心硬科学的历史，如化学的历史，这就一点也不奇怪了。

如前所述，随着关于身体（等等）的传统概念崩溃，大致有两种办法来重新建构一个类似于传统心—身问题的问题：一是定义**物理**的这个概念，二是使用其他术语来设置问题，如使用普利斯特里预先提过的那些术语。

盖伦·斯特劳森在一系列重要论著中提出了第一个方法。[①] 与许多其他人不同的是，他确实对“物理的”作了定义，所以有可能建构一个物理的—非物理的问题。物理的指“任何类型的存在，（即）时空的（或至少暂时位于时空的）”。物理的包括“经验事件”（更通常的是指心理事件），允许就经验现象如何可以是物理现象表述问题——一种后牛顿版的“心—身问题”。继爱丁顿和罗素以及早期先驱们之后，特别是普利斯特里之后，盖伦·斯特劳森总结道：“物理材料自身就具有‘能够表现为心理活动’的本性，即表现为经验或意识。”

鉴于定义以及一些明显的事实，上述所说似乎没有争议。但是盖伦·斯特劳森意在构建一个更有力的**微观心智论**论点

① 引文来自 Strawson，“Realistic Monism” and “Panpsychism”。

(他在此将其等同于**泛心论**)："至少有一些基本事实自身是涉及经验的。"对这个进一步的结论，其关键的前提盖伦·斯特劳森说得很明确，就是前文提到过的无根基出现论。据此，"经验现实不可能完全和全部出自非经验现实"，这是一个形而上学问题，而不是认识论问题。盖伦·斯特劳森将爱丁顿的立场解释为微观心智论，并引用他的评论说，"如果宁可将（思维）依附于某种具有所谓'具体'性质、与思维不一致的事物，然后去探讨思维是从哪里来的，那就是愚蠢的"。他还说，我们不了解"原子的本质，它使一切都不协调，原子竟然能构成一个思维客体"。但是，这似乎不符合盖伦·斯特劳森的**微观心智论**/泛心论。反倒是爱丁顿似乎没有比普利斯特里的概念走得更远，他写道，物理学中没有任何东西导致我们拒绝"构成大脑的原子组合"可以是一种"思维（有意识的、能体验的）客体"这一结论。要超越盖伦·斯特劳森的结论，就必须采用无根基出现论的论点，而他似乎并没有。罗素也是止步于这一关键问题，而普利斯特里则明确拒绝无根基出现论的论点，将其视为普通科学。若不考虑文本的阐释，所涉问题至此基本解释清楚了。

丹尼尔·斯托尔查采取的是第二种办法。他也对物理主义和"心—身问题"的变数作了最周密的研究。对说某物是"**物理的**"是什么意思这个问题，他确实提供了一些回答——他指出，虽然"如果对物理的概念没有任何理解，我们就不会真正理解什么是物理主义"[1]，但这个问题在文献中还没有受到太多关注。他的回答不太令人信服，这一点我想他是会同意的，但他认为这一点不太重要："我们有很多概念能理解，但不知道如何分析"，"物理的这一概念是人类思想的中心概念之一"。后面这个评论是对的，但也只是当论及早已被摒弃的机械论哲学的常识性概念时才是对的。前面的评论也对，但没说清楚，我们是想基于我们认为凭直觉就能理解但不能分析的概念，创立一个严肃的哲学立场，特别是已有悠久的历史证明，这种常识性理解往往是经不起深究的。但是丹尼尔·斯托尔查不太关注概括**"物理的"**特点，他的深层原因有所不同：他认为，这些问题应该改用认识论的术语，不是追求还原到物理的，而是将物理主义作为唯一的"作为背景的形而上学假设，心灵哲学问题的假设，就是针对这种假设提出和讨论的"。因此，"一旦被正确理解，心灵哲学家感兴趣的问题就不属于这个框架（本身）了，就这个程度而言也就不是形而上学的"。

丹尼尔·斯托尔查认为："当代哲学有争议的主要问题**既**与传统理解的心—身问题不同，**也**与科学现在或可能追求的心—身问题不同。"我认为用来判断的一个基点是，传统问题，至少是自笛卡尔至普利斯特里的传统（视后者的研究为后牛顿理论对传统问题反应的极致），能作为科学之内的问题予以合理解释。传统的问题我们能按"心智的形而上学"的题目聚集

---

① 引文来自 Daniel Stoljar，"Physicalism，" in *The Stanford Encyclopedia of Philosophy*（Spring 2001 ed.），ed. Edward N. Zalta，http：//plato. stanford. edu/archives/spr2001/entries/physicalism/。

到一起，但是丹尼尔·斯托尔查则认为当代哲学与“认识论原则”相关，关键是与**“经验的逻辑问题”**相关。他写道：“物理的概念未能达到最低标准的清晰度”有可能是真的，但是这种事“在逻辑问题上只起到说明性或次要的作用”，“即使缺乏……足够明确的物理的概念时也可以提出”[①] 逻辑问题。逻辑问题来自以下假设：（1）有经验真实，同时似乎有理由相信下面两条；（2）这样的真实每一个都是由某种非经验性事实所引起（或继其之后发生）；（3）不是每一个经验真实都由某一非经验真实引起（或继其之后发生）。要应用（1）和（2）（需要考虑合理性），关键问题是（3）。正如已经讨论过的，根据可上溯至牛顿和洛克的传统，普利斯特里认为没有理由接受论点（3）：正是我们对后牛顿理论物质特质的“无知”警示我们不要采取这一步骤。用（丹尼尔·斯托尔查所引）罗素的话来说，经验真实“据我们所知，具有身体事件能有的一切内在特质，因为没有任何内在特质与物理学赋予身体事件的逻辑属性不兼容”。那么，从这些角度来看，就不会产生逻辑问题。[②]

丹尼尔·斯托尔查对于逻辑问题，新的“心—身问题”的解决方法，与普利斯特里和罗素的立场相似，即使提出的方式有所不同。这是基于他的“无知假设，根据这个假设，我们对一种经验相关的非经验真实是无知的”，所以“经验的逻辑问

---

① Stoljar，*Ignorance and Imagination*，56，58.

② Ibid.，17ff，56 - 57，104. 丹尼尔·斯托尔查将“传统问题”看作从《沉思录》（45）衍生来的，因此不是科学问题。尽管是一种按惯例的阅读，仍是有疑问的，其理由已有讨论。

题”在认识论的基础上解开了。[①] 他在其他地方提出：“我们对物理的或非经验的本质是无知的，这一激进看法……有完全改变心灵哲学的潜力。”[②] 盖伦·斯特劳森的表述中，半个世纪前深为人所理解的这一（合情合理的）思路“几乎完全从哲学的主流中消失，与此同时，分析哲学获得了超二元论的直觉，即便自称一元论。以我们对物理学的了解就足以知道，经验的不能是物理的。分析哲学对这一点认识的肯定程度，除了少数几例可敬的例外，比笛卡尔更笛卡尔（或者说是架构版的笛卡尔）”[③]。

关于（2）的论证是，我们不能如此轻易地假定有非经验性的真实。其实正如爱丁顿所说，这个假设可能有点“愚蠢”。有些物理学家基于量子理论得出了这样的结论。约翰·惠勒（John Wheeler）认为，“终极结论”可能只是“一点点信息”，却回答了这个问题。根据斯塔普（H. P. Stapp）的说法，“量子理论的实际事件是知识中的经验增值”[④]。罗素的确定性三阶段提出了对怀疑论的其他理由。至少，对问题的合理性需持谨慎态度，即使是对“逻辑问题”表述的合理性也有必要谨慎一些。

---

① 同前，第四章。

② Daniel Stoljar，“Comments on Galen Strawson,” in Strawson et al.，*Consciousness and Its Place in Nature*，170－76.

③ Strawson，“Realistic Monism,” 11n. 21.

④ John A. Wheeler，*At Home in the Universe*（New York：American Institute of Physics，1994）；H. P. Stapp，“Commentary on Strawson's Target Article,” in Strawson et al.，*Consciousness and Its Place in Nature*，163－69.

丹尼尔·斯托尔查在批评布罗德[①]关于化学不可还原为物理学的结论时引用了无知假设，他认为这是与知识论证非常相似的一个论点。他的结论是，布罗德并不知道“化学事实是源于物理事实的”，也就是说，源于量子理论事实。[②] 但是，这样说有些误导。实际情况是，量子理论革命极大地改变了物理学，同时也改变了“物理事实”这一概念。我认为更合适的表述是，要认识到后牛顿“物理事实”概念只是意味着当前一流科学理论的假设，因此应该被看作只是一种澄清的修辞手段，没有增加实质性内容。物理主义问题不能就这么轻易被取消，就像马克思说的老鼹鼠，它在不断把鼻子拱出地面。

还有一些等级略低的奥秘值得关注。其中尤其有意义的是人类认知能力的进化问题。进化生物学家理查德·列万廷强有力地指出，因为无法获得证据，所以我们就这个话题所知甚少，至少从当代科学能理解的任何角度来看是如此。[③] 就此语言涉及两个基本问题：其一，语言表达的构建能力的演化：这种构建无范围局限、有层次结构，能够为我们的认知和感觉—运动系统所诠释；其二，初具词形并进入构建运算中的原子要素的演变。在这两种情况下，除了其中必然要

---

① 查理·布罗德（Charlie Dunbar Broad，1887—1971），英国哲学史学家、科学哲学家。编注。

② Stoljar，*Ignorance and Imagination*，139.

③ Richard C. Lewontin，“The Evolution of Cognition：Questions We Will Never Answer，” in *Methods*，*Models*，*and Conceptual Issues*，ed. Scarborough and Sternberg，107 - 32.

服从的自然规律，这些能力都似乎是人类所特有的，甚至是语言所特有的。新近的研究表明，这一点可能具有极为深远的意义。我想谈谈上述第一个问题，即生成机制的演化。有一个结论似乎日显合理，即通过感觉—运动系统实现语言外化是一个辅助过程，也是语言具有多样性和复杂性的关键。然而，无论我们将其视为概念还是语言的词汇项，运算原子的演变依然神秘。在其他动物的符号系统中，符号与独立于心智的事件似乎是直接关联的。人类语言的符号则截然不同。即使是最简单的语言现象，也没有词与物的对应关系，物就是独立于心智的存在物，没有弗雷格和皮尔士以及当代外在论者（externalist）常说的技术意义上的指称关系。相反，我们似乎应该采取类似于 17、18 世纪认知革命的办法，以及沙夫茨伯里和休谟的结论，即属于语言因素的“独特本质”，其所指往往不是外在和独立于心智的。应该说，它们的独特本质是一个多视角复合体，涉及格式塔属性、因果关系、指向心理连续体的“共同”终端的“多体和谐”，以及类似的其他心理属性。用休谟的话说，“我们赋予的身份”，如赋予蔬菜、动物身体、工艺品或“人的心理”的身份，这种区分单个属性的系列性的身份，只不过是一个“虚构的辨识”，它是用我们的“察觉力”建立起来的，休谟同时代的前辈们已经使用了这一术语。这不是对互动的障碍，即使是对于需要很大程度共享辨识力的交际这一特例而言。在这方面，甚至词语的语义特质也与它们的语音属性相似。谁也不会糊涂到相信有一个独立于心智的物体对应于词语内部的符号［ba］，这也许是分子运动所形成的某种结构，是我发出和你听到［ba］这个音时选择的结构。但是互动照常进行，互动从来都是一种可多可少，而不是一种非此即彼的选择。[①]

关于这些话题还有很多可以讨论，但在此我不想深谈。我只想提及一点，从此例也可看出盖伦·斯特劳森的结论的可取之处，即应该摒弃"超二元论直觉"，一起应该摒弃的还有这样的执念，即"我们对物理学了解得足够多，足以据此肯定，经验的不是物理的"。同样应该摒弃的还有丹尼尔·斯托尔查的主张，他认为"激进的观点"将改变心灵哲学和语言，如果将其认真对待的话。

最后回到笛卡尔主义科学的核心例证——人类的语言。伽桑狄主张对语言的内在本质加以"化学般"的理解，这方面已获得了一定的成功，但是笛卡尔主义者的考量则不同：语言的创造性运用，即洪堡后来所称的"有限手段的无限运用"[②]，强调的是**运用**。

对于在特定条件下语言使用的规则，已经有了一些有趣的研究成果，特别是从语言的信息性功能方面，就像新格赖斯学派（neo-Gricean）的语用学。但我们仍不清楚，这种研究对于语言的通用问题能够走多远，不管怎样它从未触及语言的创

---

① Chomsky, *Cartesian Linguistics*, 94ff. 关于"察觉力"作用的笛卡尔和新柏拉图主义观点，见 James McGilvray, "Introduction to the Third Edition," in Chomsky, *Cartesian Linguistics*, 1－52。关于指称的评论和文献，见 Chomsky, *New Horizons in the Study of Language and Mind*。关于沙夫茨伯里、休谟和其他先驱，见 Mijuskovic, *Achilles of Rationalist Arguments*。

② 关于对这个问题的误解，见 Noam Chomsky, "A Note on the Creative Aspect of Language Use," *Philosophical Review* 41, no. 3 (1982): 423－34。

造性使用这一笛卡尔式的问题，这个问题与几个世纪前一样，依然是个谜，而且它很可能成为一个永久的秘密，永远戴着神秘的面纱，人类的智力永远无法将其参透。

我思，我读，我在

Cogito, Lego, Sum